中公文庫

江戸の健康食

小泉武夫

中央公論新社

まえがき

江戸の「食」にあふれる
すごい知恵と工夫が、
日本人をふたたび元気にする

江戸期は学問、文芸、芸術などが一大発展し、今日の日本文化の礎《いしずえ》となった時代であった。食文化においても、日本人の「和食を中心とする食事形態」がこの時代に定着し、形づくられていった。

それを語るものとして、江戸期には数多くの料理書が成立しており、じつに２３０余種の代表的料理文書が『料理文献解題』に挙げられている。とりわけ有名なのが、『料理物語』『料理綱目調味抄』『素人庖丁』『料理早指南』『豆腐百珍』『料理献立集』『江戸料理集』などだ。

こうした料理書の冒頭には、多くの場合「料理の基本的心構え」というのが述べられており、その中に「料理は其《その》席或《あるい》は其《その》客の躰心《たいしん》によりて献立し、塩梅《あんばい》致すべし」というのがある。つまり、食べる人の体や心の状態に合わせて、料理の献立や味つけに配慮せよ、というわけだ。

このことは、江戸時代には「食べものは医者である」あるいは「食べものは薬である」という「医食同源」、あるいは「薬食同源」の考え方が、すでに料理にあまねく浸透《しんとう》していたということで、わが国の食事学上、大いに注目される点である。

江戸中期の正徳三年（１７１３）に、貝原益軒《かいばらえきけん》によって書かれた『養生訓《ようじょうくん》』は、当時の養生法指導書として有名であったが、そこでも飲食や飲茶によって、精神と肉体の両面から慎病《しんびょう》や養老を訓じている。

また、江戸時代全体をとおして、飲食と健康にかかわる諺《ことわざ》が多数出てくることにも、まことに興味をそそられる。これらの諺は、「食事が心と体を育《はぐ》むのに、いかに大切なことか」をひろく大衆に伝えることに繋《つな》がっていた。

病院などなく、医者に診《み》てもらえる人もわずか、そのうえ、薬も簡単には手に入らない江戸の人たちへの教育手段のひとつだったのである。

たとえば「朝茶は七里帰っても飲め」あるいは「朝茶はその日の難のがれ」の意味は、

「茶は薬である。ことさら朝の一杯の茶は心を落ちつけ、心身を醒《さ》まし、気をめぐらし、胃の働きを活発にしてくれる。健康上はなはだよろしく、その日の一日の難を逃れることに通じる。だから、遠くにいく用事があったとしても、その日のうちに帰ってきて、翌朝は必ず茶を飲むようにしなさい」というもの。ちなみに「七里」の意味は、江戸時代には「七里継宿《つぎやど》」とか「七里飛脚」「七里役所」というように、七里（28㎞）ごとに郡の境界があり、いわば「遠い地点」の象徴である。

また、ある料理書の中の諺に「三里四方の野菜を使え」というのがある。これは、

「遠くから運ばれてきた野菜は、鮮度が落ちて栄養成分も変化しているから食べてはいけない。せいぜい三里四方（12㎞）以内のものを食べるべきだ。新鮮に勝《まさ》る美味なし、ともいうではないか」

という意味だ。このことは、現代の「地産地消」あるいは「就地取材」とまったく同じ考え方で、その土地の食材は美味しいうえに、体まで元気にしてくれるということを教えているのである。

「大根食うたら葉っぱ干せ」も、江戸流健康づくりの諺で、その意味は「大根は白根のほうよりも、葉のほうにこそ栄養分が宿っているのだから、干して食べるがよい」というもの。

現代の栄養学や生理学によれば、たしかに葉にはビタミンAがひじょうに多く、ま

た、ビタミンCも抜群で、さらには良質の繊維質は腸に届いて免疫を高めることが知られ、緑色の葉緑素もたっぷり含まれているので、アンチエイジング効果も期待できるのである。

江戸時代、干した大根の葉の食べ方は、多くが「大根の葉飯」だった。干した大根葉をざっと茹《ゆ》でて細かく刻み、醬油で淡《うす》味に煮しめ、それを飯に炊き込んだもの。その「大根の葉飯」を食べるときは「番茶」と決まっていた。飯に炊き込められた葉から、太陽の匂いである掠《かす》れたような日向香《ひなたか》が立ち昇ってきて、それが番茶の匂いによく合うからである。

さすがは江戸人の知恵であり、観察力の鋭さである。また、干した大根の葉を切らずに、長いままを糠味噌《ぬかみそ》に漬けると、歯ごたえ絶妙な漬けものになるので、それを飯のおかずにするか、あるいは刻んで茶漬けにした、という古い文献もある。

このように、江戸時代は食材や料理法、加工法に知恵をしぼって、それを食べて病気を防ぎ、健康を維持し、そして長寿をめざしたのだ。

本書では、江戸のそのような健康食を、さまざまな古文書からできるだけ多く蒐《しゅう》集《しゅう》し、現代的にわかりやすく解説したものである。一冊の本にまとめてみると、そこからは現代人が忘れてしまっていた大切な食事法や養生法が、つぎつぎと浮かびあがってくる。

現代人は本書から、江戸の人たちの食をとおした優れた知恵や工夫を学びとり、ふたたび〝元気な日本人ぶり〟を取りもどしてほしいと願う。

小泉武夫

江戸の健康食　目次

二の膳 和の食の盟主

三の膳　海の幸の満悦

四の膳

山の幸の恩恵

五の膳

日本酒の余徳

江戸の健康食

一の膳

発酵食の精華

甘酒

病院の栄養点滴に匹敵する発酵飲料

【健康効果】ブドウ糖はじめビタミン類、必須アミノ酸がたっぷり。夏の総合栄養ドリンク剤

滋養《じよう》とは「身体の栄養となること、また、その食べ物」のことだが、この意味にきわめてかなうのが発酵《はっこう》食品だ。その理由は、発酵をつかさどる微生物は多種多様であり、多量の栄養成分を発酵の過程で生産し、食品の中に蓄積してくれるからである。

たとえば、煮た大豆と、それに納豆菌を繁殖させてつくった納豆とを比較すると、納豆のほうが圧倒的に栄養成分は高い。また、米を蒸し、それに麹《こうじ》菌を繁殖させた「麹」は、元の米に比べると、驚くほど栄養成分が高まっている。

そして、その麹に湯を加えて一夜置いてから飲む「甘酒」は麹成分の抽出液《ちゅうしゅつえき》のような飲みもの。この甘酒を例に、その滋養性を述べてみよう。

江戸時代後期の嘉永六年（１８５３）に『守貞漫稿《もりさだまんこう》』という書物が世に出た。喜田《きた》川《がわ》守貞という絵師が、当時の庶民生活や街の物売りなどを漫画風な筆運びでスケッチし、その絵について簡単な説明を付したものである。

その中の「甘酒売り」という項に「江戸京坂では夏になると甘酒売りが市中に出てくる。一杯四文也」とある。当時の江戸・京都・大坂では夏になると、甘酒売りが街に出たということだが、かつて私は、この部分を読んだとき「おや、おかしいなあ。なぜ、暑い真夏に甘酒を飲むのだろう？　冬の飲みものなのに……」と不思議に思った。

古くは山上憶良《やまのうえのおくら》の『貧窮問答歌《ひんきゅうもんどうか》』にしても、その後の冬を詠《うた》った歌にしても、甘酒は冬の季語として登場する飲みもので、つまり体を温める飲料だったはず。しかし、『守貞漫稿』では、夏の飲みものになっている。『季語辞典』を開いてみたところ、驚いたことに甘酒の季語は、いまでも夏なのである。いつから甘酒が夏の飲みものになったのかは知らないが、たぶん『守貞漫稿』が世に出たころであろう。しかし、どうにも不思議なことだ。

そこで『守貞漫稿』が書かれた天保のころの時代背景を調べてみると、面白いことがわかった。当時の平均寿命は約46歳。女性はだいたい13〜15歳で嫁入りしている。平均寿命が短いのは、乳幼児の死亡率などが高かったこともあるが、それにしても短い人生だ。

さて、江戸期というとさほど大昔でもないので、古い寺の墓碑《ぼひ》を調べて、当時の

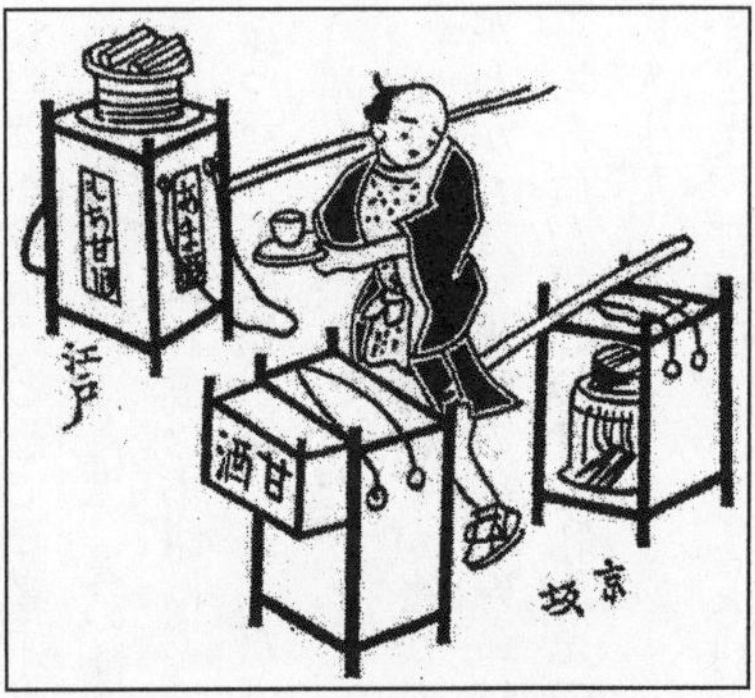

甘酒売り／『守貞漫稿』喜田川守貞

人々が亡くなった季節を調べてみることにした。どう調べるか妙案も浮かんだ。私のところの学生たちが夏休みなどで故郷に帰省した折に、近くの寺に調べにいってもらったのである。

その結果、当時は夏の7月、8月、9月に亡くなる者が、きわだって多いことがわかった。つまり、冬の寒さなら火の近くにいれば凌《しの》げるが、夏の暑さには耐えられないということ。江戸時代の質素な食生活では体力もそう強くはないし、下水道が完備していないので蚊も多く、夜中まで暑さと蚊に悩まされ、夏を越すのは楽ではなかったと思われる。こうして夏場には体力が落ち、老人や病弱者が暑さに勝てずに、数多く亡くなっていったのだろう。

そのような時季の甘酒の一杯は、体力回復に即効性があったのだと私は考えるにいたった。というのは、煮た米に麹と湯を加えて温めておくと甘い飲みものになる、それが甘酒だが、分析してみると、ブドウ糖（米のデンプンが麹菌の糖化酵素の作用を受けてブドウ糖になる）がきわめて多量で、軽く20％を超すのである。

また、米のタンパク質も、それを分解する麹菌の酵素によって必須アミノ酸群に変えられ、これも豊富に含まれていることがわかった。

さらに特筆すべきは、ビタミン類である。麹菌が米の表面で繁殖するとき、ビタミンB_1・B_2・B_6・パントテン酸・ビオチンなど、生理作用に重要不可欠なビタミン群をつくり、これを米麹に蓄積させるために、きわめて多く含まれていることがわかった。

それらの成分が甘酒に溶け出してくるのであるから、甘酒は江戸時代の「必須アミノ酸強化飲料」であり、と同時に「総合ビタミンドリンク剤」でもあったのだ。

暑さの厳しいとき、消耗《しょうもう》した体にこの甘酒の一杯が、いかに有益だったことか。おそらく劇的なほどの効能だったに違いない。

金持ちならば夏バテだといって鰻《うなぎ》を食べたかもしれないが、庶民はそうはいかない。市中に甘酒という総合健康ドリンク剤を売り歩く者がいて、それが庶民の手にとどく4文で一杯飲めるのだから、これはまことに都合がいい。

こうして「甘酒は夏バテに効く」と、炎暑の季節に頻繁《ひんぱん》に飲まれるようになり、甘酒売りが夏の風物詩となって、季語としても夏に移ったのではあるまいか。

とにかく、江戸の人たちの生活は、現代のように何もかも手に入る時代とは違い、絶えず工夫が必要であり、また、そういう環境では生きるための知恵が、さまざまに編みだされるものなのだ。

今日、私たちが病院に入院し、経口《けいこう》で摂食《せっしょく》できないとなると、点滴（輸液《ゆえき》）をされる。栄養補給のために腕の血管から、ブドウ糖液、必須アミノ酸類、ビタミン類などの溶液が送り込まれるわけだ。しかし、考えてみれば、それは甘酒そのものなのだから驚嘆《きょうたん》する。

発酵をへた滋養食品の奇跡が、江戸の昔の生活のこんなところに見られるのである。

納豆

納豆食べればナットクの健やか人生

【健康効果】血栓《けっせん》を溶解するナットウキナーゼ、血圧を抑えるACE阻害物質の機能に注目

糸を引かない「塩辛納豆」の滋養性とは

大豆を発酵させてつくる「納豆」には二つの種類がある。ひとつは、私たちが毎日のように食べているネバネバの粘質《ねんしつ》があって糸を引く「糸引き納豆」。もうひとつは、糸を引かない「塩辛納豆」である。この両者は、昔からわが国の食卓にあって、タンパク質の供給という重要な役割を担ってきた。そこにはやはり、さまざまな知恵がぎっしりと詰まっている。

この両方の納豆は文献学から見れば、その大半が江戸時代に記述されたもので、糸引き納豆も塩辛納豆も、いわば江戸時代に食べものとして明確になり、また発展もしたと考えてよさそうである。

たとえば、塩辛納豆についての詳しい記述は、『和漢三才図会《わかんさんさいずえ》』や『博物誌』『東《とう》雅《が》』『本朝食鑑《ほんちょうしょくかん》』『新猿楽記』『日本事物原始』『人倫訓蒙図彙《じんりんくんもうずい》』など、すべて江戸時

代に書かれた文書に載っている。

また、糸引き納豆も小山田与清《ともきよ》の『松屋筆記』や『精進魚類物語』『大和本草』『本朝食鑑』『人倫訓蒙図彙』など、こちらも江戸時代に書かれた文書に多く出てくる。したがって、納豆文化は江戸時代に入って大輪の花が開いたといってさしつかえないと思われる。

まず、糸を引かない塩辛納豆であるが、これは大豆の発酵食品ではあるものの、納豆菌による発酵ではないので、正確には納豆とはいえない（味噌も大豆の発酵食品であるが、納豆の類いではないのと同じ）。その歴史は糸引き納豆より古く、奈良時代、宮内省の大膳職《だいぜんしき》ですでにつくられていて、当時は「鼓《くき》」という食べ物だった。

その原型は大陸から伝えられたというが、そのうちに日本人の得意とする発酵技術の知恵を生かして改造され、わが国特有の発酵食品となった。京都では大徳寺、天龍寺といった寺院でつくることが多かったので、寺納豆とも呼ばれ、のちに浜名湖畔の大福寺でもつくられ、それが名物化したので浜納豆としても名が通った。

そのつくり方は、煮た大豆を室《むろ》の中に敷いた蓆《むしろ》の上にひろげ、麴菌の繁殖を待つ（いまは種麴《たねこうじ》をつけるのが大部分）。3日ほどすると、麴菌が大豆の全面をおおって、大豆麴ができる。この時点で、大豆のタンパク質は麴菌のタンパク質分解酵素によって分解され、うま味のもととなるアミノ酸が大量にできる。

つぎに、この大豆麹を塩水に漬け込んで3、4か月かけて発酵させる。この際の発酵菌は主として耐塩性の乳酸菌で、大豆に酸味と特有の風味をつけ、さらに保存性を高める乳酸を付与することになる。これを平たくひろげて風を当て、乾燥させてできあがりとなる。

この塩辛納豆のひと粒ひと粒には、驚くほどのタンパク質とアミノ酸、ビタミン類などが含まれていて、滋養性の高い食品として昔から重宝されてきた。その食味は、塩辛に濃いめの酸味がつき、そこに重厚なコクのあるうま味が重なったような複雑な妙味《みょうみ》。そして香りは、きわめて郷愁《きょうしゅう》をそそる発酵臭があって、うれしいものである。

その食べ方だが、羊羹《ようかん》や饅頭《まんじゅう》のような甘味で茶をいただく際、その甘味の口直し的な茶請《う》けとして、この塩辛納豆はじつによく合う。私がもっとも好きなのは、粥《かゆ》に2、3粒のせて、その古典的な味と匂いを存分に楽しむ食べ方で、これは断然おすすめだ。また、みじんに刻んだものを熱いご飯にのせ、これに番茶の煮えくり返るほど熱いやつをそそいで、フーフーいいながらかっ込むお茶漬けも爽快《そうかい》ですばらしい。

酒の肴《さかな》としては、そのままひと粒ひと粒いただくのもいいが、できれば、みじんに刻んだものを少量、豆腐の上にパラパラと撒き、ちょうど冷や奴の薬味のように使うと、抜群のできばえとなる。

もっと凝《こ》った肴を所望《しょもう》する方には、私のオリジナルをお教えしよう。塩辛納豆を擂《す》り鉢《ばち》で当たって、それを市販の麺つゆで少し溶き、さらに湯を加えて薄める。これでちょうどよい塩味具合のつけ汁ができる。この汁を蕎麦猪子《そばちょこ》にとり、みじんに刻んだ葱《ねぎ》をパラパラと撒《ま》いてから、これで湯豆腐をやるのである。古《いにしえ》の香味が楽しめて絶品である。

このような食べ方をみても、塩辛納豆はたんに大豆を原料にした保存食品であるのみならず、主食であるデンプンに加えてタンパク質も供給するという栄養学的意味や、味が濃くて、そのうえ食欲を誘う匂いをもつことから、質素な食卓でもご飯を美味しく食べることができるという、調理学上の意味も含まれている。とにかく、あの小さな黒いひと粒ひと粒には、健康の知恵がびっしり詰められているのだ。

タンパク質が増加した「糸引き納豆」

つぎに、糸引き納豆である。この納豆を日本人が最初につくり出したのは、室町中期のころとされる（実際にはもっと古いとする、私のような学説を唱える人も少なくない）。当時の『精進魚類物語』には、納豆太郎糸重という武士が登場して活躍する場面がある。

江戸時代に入ると、糸引き納豆売りが江戸の街を朝早くから掛け声高く売り歩き、庶民の大切な味となった。このころより朝食には味噌汁と納豆という、大豆の二大発酵食品がひとつの食事パターンとしてできあがったが、これは栄養学上、大豆の高度な利用という海外には類例《るいれい》のない知恵として、外国の研究者からも賞賛《しょうさん》されている取り合わせである。

その製法だが、大豆を煮て、これを稲藁《いなわら》の苞《つと》に詰めて保温。すると藁の中に生息していた納豆菌が大豆上で猛烈に繁殖し、あの特有の匂いとヌラヌラの粘質物をもった納豆ができあがる。今日では藁に包むことは少なく、培養した納豆菌を添加して大規模につくられている。あのヌラヌラした粘質物は、アミノ酸の一種であるグルタミン酸がポリペプチドと結合し、さらにこれに果糖の重合体《じゅうごうたい》が結合した複雑なもので、納豆にはじつに2％も含まれている。

煮ただけの大豆に比べ、糸引き納豆は納豆菌の繁殖によって、ビタミンB_2が10倍に増加している。これは納豆菌が繁殖するときに、生体内でビタミン類を生合成し、それを菌体外に分泌したためである。ビタミンB_2は人の成長を促進し、あるいは体内におけるさまざまな重要な代謝《たいしゃ》を活性化させる役割を担っている。

また、糸引き納豆にはビタミンB_1やB_6、ニコチン酸なども多いが、ビタミンB_1は脚《かっ》気《け》をはじめ、しびれや筋肉痛、心臓肥大、食欲減退、神経症などを防止。ビタミンB_6は体内でアミノ酸の代謝や成長に関与し、皮膚炎を防ぎ、ニコチン酸は抗ペラグラ因子になるなど、さまざまな重要な働きをしている。

糸引き納豆の栄養価としての最大の特徴は、豊富なタンパク質にある。全体の約17%がタンパク質で、遊離のアミノ酸（ほとんどが必須アミノ酸）も、発酵前の大豆とは比較にならないほど増加しているので、栄養価値はきわめて高いといえる。

納豆のうま味のもとはグルタミン酸で、じつに1%以上も含まれている。ほかにミネラル（無機質《むきしつ》）も、100g当たりカルシウム90mg、リン190mg、カリウム660mgと豊富なのである。

糸引き納豆にはさらに、いくつかの健康的機能があることがわかっている。納豆から由来した納豆菌は、腸内で有毒菌の繁殖を防ぐ作用を有するが、ほかに二つの重要な物質が注目されている。

ひとつはナットウキナーゼという酵素、もうひとつはアンジオテンシン変換酵素（ACE）阻害物質だ。前者は、血栓《けっせん》の主成分であるフィブリン（線維素《せんいそ》）を溶解《ようかい》する働きをする。この酵素は血栓溶解剤として開発されたが、経口投与することにより、腸管内から血中に吸収されて血栓を溶解することが証明され、経口線維素溶解治療法として実用化されている。

後者のアンジオテンシン交換酵素阻害物質には抗血圧上昇性という機能があり、高い血圧を抑えてくれる。今日では、高血圧の治療を目的にしたACE阻害薬が開発され、ひろく臨床に用いられている。糸引き納豆が美味で、そして体にとっていかに健康的なものであるかの証《あか》しだろう。

この糸引き納豆が日本人の食事にぴったりと合致した大きな理由は、日本人の食事形態とじつによく符合したから。日本人が主食の米を、そのままの形で炊いて食べる粒食《りゅうしょく》主食型の民族であるのに対し、西欧のように麦を粉にしてから焼いて食べる民族は粉食《ふんしょく》主食型である。

この食態系からいくと、納豆は完全なる粒食型食品であって、主食である米粒に、やはり粒食の副食物である納豆をかけて食べるのだから、物理的にも食味的にもなんら抵抗はなく、理にかなった食味が味わえるわけだ。

パンやスパゲティーのような粉食に納豆をかけて食べても美味しくないのはそのためで、そのうえ、質素で早飯食《はやめしぐ》いの日本人には、この取り合わせはうってつけであった。米粒に納豆をかけて食べるとき、ヌルヌルのためによく嚙《か》まずに飲み込んでも、そう心配ないのは、糸引き納豆にはデンプンやタンパク質などを分解する消化酵素が豊富に含まれている（発酵中の納豆菌が分泌してくれる）からで、まことに好都合にできている。

なお、納豆にはビタミンK（血液凝固《ぎょうこ》促進《そくしん》作用があるとされる）が含まれているので、むしろ納豆は血栓症を起こしやすい食べ物だと警鐘《けいしょう》を鳴らす人もいる。

だが、その血栓を溶解する作用のあるナットウキナーゼの存在が証明され、また、血液の凝固を阻止する酵素を活性化するウロキナーゼという酵素も含まれているので、ほとんど問題はないとされている。

また、血栓症は必ずしもビタミンKの存在だけで起こるのではなく、複雑な要因が絡《から》み合って起こるのであるから、納豆のみが直接の誘因ではないと考えていい。要は、ワーファリンのような薬を使って血栓症や心臓病を治療している人を除いては、心配のない健康自然食品なのである。

「納豆の呉汁《ごじる》」のつくり方

「呉汁」というのをご存じだろうか。大豆を用いた汁料理のことで、水に漬けて軟らかくした大豆をすりつぶし、煮出し汁を加えて煮たて、細かく切った野菜を入れて煮上げたもの。野菜が軟らかくなったら味噌を加えて味つけするが、好みによっては、塩とか醤油で仕立てることもある。

なかでも「納豆呉汁」は、生大豆、味噌、納豆という、大豆三兄弟がひとつの鍋の中で再会するというもので、それはもうコクの出た、ひじょうにうま味の濃い汁である。だいたい、豆乳だけでも牛乳のような、いやそれ以上のコク味があり、そこに納豆の上乗せとくれば、もう心をときめかせて期待してしまう汁だ。

まず、材料と下ごしらえ。納豆1包、大豆カップ1、味噌は適量、豆腐1丁、蒟《こん》蒻《にゃく》3分の2枚、油揚げ1枚、大根を少々、薬味用に芹《せり》、葱《ねぎ》を用意する。

油揚げは熱湯をかけて油抜きし、それをせん切り状にしてから半分に切り、汁ものにちょうどいいぐらいの大きさにする。蒟蒻は面倒がらず一度茹《ゆ》でてから5ミリ角に切り、豆腐も蒟蒻とだいたい同じ大きさにしておく。大根は小さめのいちょう切りに。

大豆は、水に一晩漬けておいて軟らかくなったものを笊《ざる》にあげ、水をきってから俎《まな》板《いた》の上で細かくなるまで、よく叩く。さらにそれを擂《す》り鉢《ばち》で丹念にすりつぶし、ペトペトの状態になるまで当たる。納豆も俎板の上でまず細かく叩いてから、味噌を加えてよく混ぜ、これを擂り鉢に移して丁寧にすりつぶす。

鍋にだしを5カップ入れ、そこに油揚げ、蒟蒻、大根を入れ、少し火がとおってきたら豆腐を入れる。沸騰《ふっとう》直前になったら、まず、すりつぶした大豆（呉）を入れて煮立たせる。ふたたび沸騰直前に、今度は納豆と味噌を合わせてすりつぶしたのを入れて静かに二、三度かきまわし、ひと煮立ちさせてから火を止めて椀に盛る。

薬味には芹と葱のみじん切りを散らし、その上から七味唐辛子をパッパッパッと振って完成だ。その滑らかにして重厚な味、美味にして芳醇な味には、食通でなくともきっと腰を抜かすのではないか。

匂いもすばらしい。納豆の匂いが鼻をくすぐり、そこに味噌の田舎風の香り、そして薬味からの快香《かいか》が、鼻の孔《あな》をどんどん攻めてくる。

大豆三兄弟である大豆、味噌、納豆に、豆腐まで加わって、大豆四兄弟がひとつの鍋で混じり合う。互いに役に不足はなく、各々もてる個性をしっかりと発散させながら、他の役者を引き立たせてくれる。この納豆呉汁というのは、大豆を四味一体で味わえる汁ものの絶品、逸品、珍品、神品である。

「干し納豆」のつくり方

干し納豆というのは、まったくもって味わい深いもの。糸引き納豆を干して乾燥させたものだから、水分が飛んでしまっている分だけさらに味が濃く、保存もきき、そして、さまざまな料理に使えるのだ。

だいいち、それまでの糸引き納豆が干すことによって、ぐんと自分の身に近くなった気分がするのは、散粒《さんりゅう》のままポケットに入れたり、紙に包んだり、広口ビンに詰めたりして持ち歩きができるからだ。その干し納豆を口の中に入れると、唾液《だえき》でふやけてヌラヌラの糸を回復し、乾燥前と同じような風味になるからうれしい。

東北地方には、この乾燥させた納豆がかなり多くて、雪割り納豆とかひき割り納豆、塩納豆、干し納豆、乾燥納豆、手握り納豆など、さまざまな名前がつけられている。形でわけると二つのタイプがあって、乾燥した納豆を搗《つ》いたり挽《ひ》いたりして割ったものと、丸のままのものとがあり、つくり方にもいろいろな工夫はあるのだが、私流の干し納豆のつくり方を以下に伝授しよう。

納豆は自分で大豆からつくるのが一番いいのだが、いまの人はたいてい多忙だろうから、出来合いのもので結構。用意する材料は、納豆、紫蘇《しそ》の葉、かたくり粉、塩。納豆10パックに紫蘇の葉10枚、かたくり粉小さじ2、塩小さじ2〜3ぐらいを目安にし、あとは好みによって適宜加減する。かたくり粉のないときは小麦粉でもよいが、じつは、かたくり粉より蕎麦《そば》粉があればもっとよい。

干した納豆に紫蘇の葉とは、奇妙な取り合わせと思われるだろう。干した納豆にはどんな薬味が合うのか検討したところ、乾燥した葱や辛子粉《からしこ》などより、もっともよく似合ったのは、なんと乾燥した紫蘇の葉であった。紫蘇の葉は、干し納豆の香味をじつに上手に生かすのである。

まず、天日で紫蘇の葉を何日か干してペラペラにし、それをよく手でもんで粉にする。納豆にかたくり粉、紫蘇の葉の粉、塩を入れてよく混ぜ合わせ、それを薄くひろげて天日で4〜5日干すのである。

こうしてつくった干し納豆は、市販されているカリカリと乾燥したようなものではなく、やや湿《しめ》り気のある、生干《なまぼ》しタイプになる。もっと乾燥させたいなら、この生干しタイプの納豆を焙烙《ほうろく》で炒《い》ればよい。香ばしくて、いっそう美味となり、保存もきくので重宝する。

干し納豆の食べ方として一番なのは、酒の肴《さかな》。水分が飛んで味が濃縮されているだけに、濃厚なうま味が口にひろがる。したがって、日本酒ならば純米酒のような味の濃い日本酒のほうが納豆に負けず、ぴったりであろう。

また、ご飯を丼に盛り、その上に干し納豆を撒《ま》き、そこに熱湯をぶっかけて、いわゆる湯づけ飯にすると、これも別格。たまったものではないくらい旨いので、たちまち、おかわりすることになる。

　いっぽう、このような乾いた納豆は白湯《さゆ》で楽しむのもいいもので、とくに胃袋が空になっている朝などにいただくと、これまたよろしい。湯呑み茶碗に干し納豆を好みの量入れて、そこに熱湯をさす。すぐには飲まずに2分ぐらい置いてから、箸でざっと一度かきまわして、じっくりと味わってみてほしい。ほほう、白湯納豆というのがこれほどに美味なものだったとは、と感激すること請け合いだ。

味噌汁

デンプン主食の日本人にうってつけの基本食

【健康効果】オレイン酸、リノール酸は抗コレステロール作用あり。がん予防も期待できる

味噌そして味噌汁は、日本の食卓には必需の食品で、これがなかったらこの民族の食である「和食」さえ成立しないのだから、日本人にもっとも愛されてきた嗜好《しこう》食品といえる。とにかく、味噌汁の匂いほど家庭に平和を感じさせ、家じゅうを落ち着かせ、そして安心させるものはまれである。

味噌のもつ独特の香りと鰹節《かつおぶし》のほのかな匂い。そこに、葱や蜆《しじみ》などの実からでた匂いなどが相まって、家の中にただよう。この温かい食欲香こそ、日本の家庭の原点的な匂いであり、日本食文化の中核といえる芳香《ほうこう》である。

味噌汁が日本人の食卓に登場したのは、文献上では室町時代のこと。しかし、すでに平安時代の『延喜式《えんぎしき》』の「汁物料」に、「未醤《みしょう》（醤《ひしお》の豉《くき》のようなもので味噌の原形）」が使われていたことが記述されているから、実際には、室町時代以前からのものであろう。したがって、日本人の味噌汁食は１０００年もの歴史を刻んでいるとみてよい。

味噌に種類が多いのと同じく、味噌汁の実にもさまざまな食材があって、大いに楽しめる。私も味噌汁にはつねに憧れを抱いている者の一人で、好みの味噌汁を味わうときには、本当に胸は高なり心が躍る。かるく白菜か若芽《わかめ》だけの仕立てから、豚汁や鯉こくといった濃厚なものまで、味噌汁に入れる実を変えるだけで、星の数ほどの味噌汁が楽しめる。

それもそのはずで、日本には味噌汁に合う食材があまりにも豊富にあって、海の魚、川の魚、貝類、海藻類、野菜類、鳥獣類、豆腐や麩《ふ》などの加工品類と、ことごとく汁の実にしておかしくない。ちなみに、味噌汁が旨いのは「濁《にご》りの美（味）学」とでもいおうか、あの濁りが美味の原点の条件でもある。その証拠に、味噌汁の上澄《うわず》みは味気ないものだ。

さて、味噌ほど生産地と消費地が色濃く密着して発展してきた食品も珍しい。それは、味噌の種類を分類してみると、名称の頭に生産地名をそのままつけたものが圧倒的に多いことからしてもわかることだ。地方ごとに点在する味噌は、その土地の気候や風土、農産物、そこに暮らす人たちの嗜好性などによって、味や色調の方向が決まっているといってもよい。

味噌の主成分はタンパク質、炭水化物、脂質で、これらの含有量は米、麦、豆といった原料の違いや、甘口と辛口、白、淡、赤といった色調の違い、仙台、信州、西京といった地域性などによって生じる味噌の種類によりさまざまだ。

たとえば、タンパク質の含有量は麦味噌で10％、豆味噌で18％前後といった具合である。日本人は昔から、米や芋などを主食としてきたデンプン主食型民族であったから、味噌は貴重なタンパク源として重宝な存在であった。なにせ、リジンやチロシンといった必須アミノ酸や、呈味《ていみ》性の強いグルタミン酸やアスパラギン酸のようなアミノ酸がきわめて豊富である。

また、脂質は大豆に由来する成分であるが、味噌には5～7％と多く、なかでも豆味噌は10％を超す。これらの脂質を構成する脂肪酸は、オレイン酸やリノール酸といった不飽和《ふほうわ》脂肪酸が多く、抗コレステロール作用が期待される。

発酵によって生じたリン脂質の一種レシチンは高血圧の予防に効果があり、またリノール酸は心臓や脳髄《のうずい》中の毛細血管を丈夫にする働きがあることがわかっている。

そして、日本人の粗食生活は、とかくビタミン供給の不足に結びついたが、味噌にはビタミンB群を中心とするビタミン類、そして、リンやカルシウム、カリウムといったミネラルなど、人間にとって必須の微量《びりょう》成分も多かったから、日本人を栄養面から大いに助けてきた。

京坂のみそ屋。牛車で運んできたのは大豆であろう

さらには、たばこの吸いすぎに味噌汁がよいとか、がんの抗体をつくるなど、味噌はこれまでも、なにかと茶の間の話題になっている。たとえば「味噌汁の摂取頻度《せっしゅひんど》と胃がん死亡率との関係」について、国立がんセンター研究所（現、国立がん研究センター）が以前、興味深い疫学《えきがく》調査を発表している。

それによると、人口10万人あたり「味噌汁を毎日飲んでいる人」と「ほとんど飲まない人」とを対象にして調査した結果、味噌汁の摂取頻度が高くなるほど、胃がんの死亡率は低くなることがわかった。

さらに、味噌汁を毎日飲む人は胃がんのほかに全部位のがん、動脈硬化性心臓疾患、高血圧、胃・十二指腸潰瘍《かいよう》、肝硬変などの死亡率が、それぞれ低くなることが観察されている。

そして、その理由についても研究され、大豆に含まれるトリプシンインヒビターにはマウスの皮膚発がんを打ち消す働きと、がんを抑える働きのあることがわかった。

また、ラットに皮膚がんを移植したうえ、味噌の不溶性残渣《ざんさ》を飼料の一部に置き換えて飼育すると、回復はしないものの延命効果が認められた。ほかにも、味噌には肝臓がんの予防効果があることもわかった。

味噌の脂溶性物質の中にはリノレン酸エチルエステルという成分が含まれているが、これには発がんを抑制する抗変異原性があることも認められた。

いっぽう、横浜市立大の研究機関では、胃内視鏡検査により味噌汁摂取習慣者と胃疾患の関係を調べた。腹の症状を訴えて内視鏡検査を受けた２１４人のうち、味噌汁摂取習慣の程度を「毎日摂取する」「時々摂取する」「まったく摂取せず」の３群にわけると、結果は「毎日」と「時々」の２群に共通して、胃部の疾患の少ないことが際だっていたとしている。

嘗めもの

食卓に常備しておくと重宝な和のペースト

【健康効果】食欲をそそう嘗め味噌はタンパク質が豊富。おむすび、酒の肴にも相性がいい

日本人は嘗《な》める味が大好きである。その証拠に「嘗めもの」などという日本独特の呼び名をもった食べものがあるほどだ。

この嘗めもの、日本にはそうとう古い時代からあったが、その原点にあるのが「比《ひ》之保《しお》」である。いまから約2000年前の弥生時代から大和時代にかけてつくられたといわれる、この発酵調味料には「草《くさ》比之保」、「魚《うお》比之保」、「穀《こく》比之保」の3種があり、いずれも塩漬けの食品であった。

この「比之保」は「醤」の字に当たることから、そのずっと後の室町時代には「ひしお」は「ひしおゆ」をへて「しょうゆ」と呼ばれるようになり、今日の醤油へと発展していった。したがって、醤油となる前の比之保は「野菜、肉、魚を漬ける料《かて》」であり、そのドロドロした発酵物を副食物として嘗めたり、調理材料としていたのである。

この「比之保系統の嘗めもの」と一線を画して、その後に登場したのが「味噌系の嘗めもの」である。

その始まりは、中国浙江省《せっこう》の径山寺《きんざんじ》から製造法が渡来し、和歌山、奈良、京都、大坂を中心とした関西地方で、金山寺《きんざんじ》味噌という名でひろまったという漠然《ばくぜん》とした説しかない。しかし、嘗めものはその後、この味噌を主材としたものに統一されてくる。

味噌は本来が、嘗めものそのものであったことから、これをベースにして、さまざまな材料を加えてつくった惣菜《そうざい》味噌は、なれ味《い》が整いやすく、そのうえ形状や舌への感覚も申しぶんないものだったから、嘗めものとして大いにうけ、日本人は次から次へと、多種の嘗め味噌をつくりだして重宝してきたのである。

嘗め味噌には、微生物の力を巧みに応用して醸《かも》した発酵嘗め味噌と、通常の味噌に具を混ぜてつくった加工嘗め味噌の2種がある。

発酵嘗め味噌には、よく知られる金山寺味噌〈大豆1升を煎って臼《うす》でひき割り、これに大麦1升を混ぜ、蒸し籠《かご》で蒸してこれを麹にし、茄子《なす》や白瓜、麻の実、紫蘇、生姜《しょうが》などの刻みものとともに塩を加えて、8~10か月ほど発酵させたもの〉がある。

ほかにも、野鳥味噌〈野鳥肉を細かに刻んで、麹、味醂《みりん》、塩で漬け込み発酵させたもの〉、そして鰹味噌などがある。

また、加工嘗め味噌には、鯛味噌、鉄火《てっか》味噌、牡蠣《かき》味噌、海老味噌、時雨《しぐれ》味噌、胡《ご》麻《ま》味噌、葱味噌、柚子《ゆず》味噌、胡桃《くるみ》味噌など、枚挙《まいきょ》にいとまがない。その嘗め味噌が江戸期に入ると、だんだんと美味しいもの、高級なものとして発展していく。

『新撰庖丁梯《しんせんほうちょうかけはし》』にあるのは「鳥味噌」、『合類日用料理抄』に出てくるのは「鳥《とり》法《ほ》論《ろ》味噌」で、寒の内の雉子鳩《きじばと》や小鳥の身を細かく叩き、それを味噌と酒で煮て、そこに黒胡麻を加えてつくっている。そして「牛肉味噌」まで出てくる。

日本人は、この嘗めものを上手に食生活にとり入れる知恵をもっていた。主食の飯や粥《かゆ》にほんのちょっと塗るだけで、もう食欲がわき起こってくる。

あるいは、野山の山菜を生で食べるのにも、この味が絶好の役割を果たしてくれ、茶を飲むときにさえ、これを嘗めながらの喫茶は、また格別に風流である。

さらに、野良仕事や漁労《ぎょろう》でも、これがあると、むすびが美味しく食べられる。もちろん、酒の肴には箸休めの小菜としてなど、じつにオールマイティな副食物なのだ。この嘗めものには、日本食文化の奥に潜む、質素さと素朴さ、そして軽さと合理性

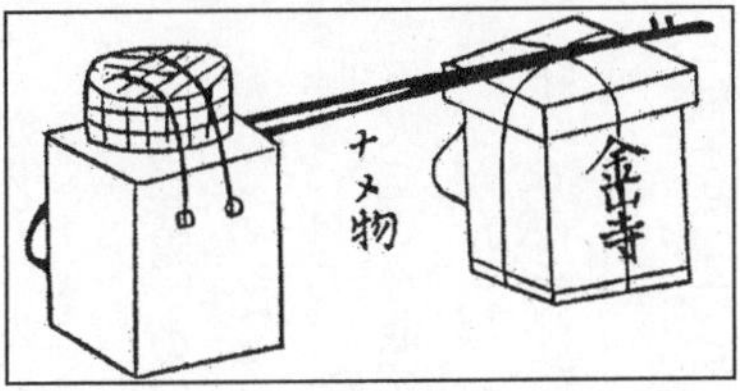

金山寺味噌（嘗めもの）売り／『守貞漫稿』

などが入り込んで、うまく共存しているように思えてならない。

「時雨味噌」のつくり方

むき身の蛤《はまぐり》を鍋で軽く炒りあげ、別に味醂と醤油を煮立たせた中に、これを入れて味をつける。さらに蛤だけをすくいあげた後の煮汁へ、味噌と適量の砂糖を加え、とろ火でよく混ぜながら練《ね》り合わせ、やや煮つまったところで、ふたたび蛤をもどす。混ぜながらしばらく煮込んで、火からおろし、冷やして保存する。

好みで香辛料を加えるとよく、また、蜆《しじみ》や浅蜊《あさり》などの貝でも蛤に代用できる。

「柚子味噌」と「胡桃味噌」のつくり方

柚子のへたのあるほうをあとで蓋《ふた》になるように切り、中身をくり抜いて皮の器をつくる。つぎに、細かく切った椎茸《しいたけ》を味噌と練り合わせ、砂糖、味醂などで調味して混ぜ合わせる。

これを先ほどの器に詰め、柚子の蓋をして金網で焼くと、焼き味噌仕立ての香ばしい嘗め味噌ができる。

胡桃味噌は、殻《から》を割って出した胡桃の実を熱湯にとおして薄皮を除き、フライパンでまず空《から》炒《い》りする。さらに油でふたたび炒り、味噌、酒、味醂、砂糖を加えて弱火でゆっくり練り上げれば、濃厚な味わいの嘗め味噌の完成だ。

漬けもの

変化に富んだ漬け床から生まれる整腸剤

【健康効果】食物繊維は腸内の有益菌を増やし、脂肪を分解、コレステロールの過剰を抑える

漬け床をぬるま湯に溶いて飲んだ日本人

日本人はたいへん古い時代から漬けものを食べていた。すでに縄文時代には、蔬菜《そさい》（野菜）の皮を塩漬けした簡単なものがあったし、平安時代の『延喜式』第39巻を見ても、なずな、蕨《わらび》、芹、薊《あざみ》、いたどり、蕗《ふき》など、春菜漬けが14種。瓜、大根、茄子《なす》、茗荷《みょうが》など、秋菜漬けは35種（いずれも塩、味噌、醤油、酒粕などに漬け込んでいる）の記録が載っている。

その後、室町時代をへて江戸期に入ると、漬けもの文化はいっきに全国へひろがっていく。そのことは、江戸時代に入ってから世に出された漬けものに関する文書が、おびただしいほど多いことでもわかる。ざっと挙げても、『合類日用料理抄』『本朝《ほんちょう》食鑑《しょくかん》』『料理山海郷』『料理網目調味抄』『守貞漫稿』『四季漬物塩嘉言』『四方《よも》の硯《すずり》』『大根料理秘伝抄』『萬聞書秘伝』『雍州《ようしゅう》府志《ふし》』など、枚挙にいとまがないのである。

このように日本が長い歴史にはぐくまれた漬けもの伝統国になった理由は、味噌、醬油、酒粕《さけかす》、米糠《こめぬか》、麴など、変化にとんだ「漬け床《どこ》」の材料が豊富だったことによる。加えて、漬け床に合った野菜が、じつに多種にわたって栽培されていたためである。

漬けものが風味豊かに漬けあがる原理は、塩分の作用によって細胞から水分が滲《しん》出《しゅつ》して、野菜が脱水される（浸透《しんとう》圧作用）ことにより、細胞の生理作用が止まって保存がきく状態になり、脱水された水分は代わって漬け床の味や香り、そして栄養成分が野菜に入っていくことにある。

さて、日本の漬けものには、日本人の知恵がたくさん盛り込まれている。たとえば糠漬け。糠はビタミンＢ群の宝庫だが、脚気や体力の衰え、疲労といった症状の原因であるビタミンＢ群の欠乏をこの漬けもので補《おぎな》っていた。これは米を搗《つ》いて出た副産物の糠から、漬けものの風味を高めるとともに、栄養素まで経験的に摂取しようとした生活の知恵である。

また、味噌や醬油もろみに野菜を漬けておきさえすれば、食べたいときにいつでも食べられる即席の便利さは、質素で、そのうえ食事に時間をかけたがらない日本人にぴったりの知恵であった。

知恵者の日本人はまた、自分たちの漬けものが、腸内で体によい働きをする微生物、とりわけ乳酸菌をその腸内で増やすのに大いに役立つものであることを、体験的に知っていた。野菜には、もともと乳酸菌がついているが、これを漬けものにすると、食塩に対して抵抗力の強い乳酸菌は、その漬け床で盛んに繁殖するのである。

ヒトがこれを食べると、漬けものから入った乳酸菌の一部は強酸環境にある胃をくぐり抜けて腸に到達し、そこに棲《す》みついて活発に増殖する。そのため腸内は、体によい乳酸菌で占められるようになり、腐敗《ふはい》菌や異常発酵菌などが腸内に侵入しても、その繁殖を抑えることができるのである。

そのうえ、有益な乳酸菌が腸内に多くなると、彼らはそこで多種のビタミンを生合成して分泌してくれるので、腸はこれを吸収し体の働きのために役立ててきたのである。ちょうどヨーグルトや乳酸菌の生菌入り発酵乳飲料を摂取した場合の作用と同じなのだ。

昔の人は、漬けものを食べるとき、漬けあがった野菜だけを食べたのではなく、二日に一度は漬け床をぬるま湯に溶《と》いて飲んだという。糠味噌などは、まさに乳酸菌の宝庫であり、あたかも西欧人がヨーグルトや乳酸菌飲料を飲むのと、そう変わらぬことを知っていたかのようである。

そういえば「腹の具合が悪くなったら、くさやの漬け汁をぬるま湯に溶いて飲む」

と語ってくれた伊豆七島・新島の古老の話や、東北の山間でやはり聞いた「茸《きのこ》の塩漬け汁をぬるま湯で割って飲む」という風習は、いずれも有益な腸内細菌を体内に送り込む、整腸剤としての知恵だったのだろう。

食物繊維は生野菜の4倍

野菜には、肉や魚にはない食物繊維（ダイエタリー・ファイバー）やビタミンなど、健康に大切な成分が多く含まれている。その野菜を食べるには、煮る、焼く、炒《いた》める、蒸《む》すなどの調理法がある。サラダとして生で食べたりもするが、ご飯のおかずにするには、やはり加熱が主になってくる。

ただし、加熱するとビタミン類の破壊が起こるうえに、野菜特有の風味を損なうことになる。また、生で食べるとなると、マヨネーズやドレッシング、さまざまなソース類を使ったとしても、そう多くは食べられない。

ところが、野菜をひと晩かふた晩かけて、漬けものにしてみるとどうか。いくら強いアクのある野菜でも、たちまちのうちにアクは抜け、またビタミンを失うこともないばかりか、「ビタミンの宝庫」といわれるような理想の食べものになるのである。

つぎに、漬けものに含まれる成分の中でもっとも大量に存在し、摂取した人の体内で重要な役割を担ってくれるのが繊維成分である。

日本人の食事を戦前と戦後とで比較してみて、もっとも大きな違いが見られるのは、食物繊維の摂取量である。ぜんまい、蕨《わらび》、つくし、筍《たけのこ》、蓮根《れんこん》、糸瓜《いとうり》、もやし、蕗《ふき》、蒟蒻《こんにゃく》、牛蒡《ごぼう》など、食物繊維をたくさん含んだ山菜と野菜は、日本人にとって重要な食材として、昔から多量に食べられてきた。

ところが、戦後、日本人の生活様式が少しずつ変わっていくにつれて、その摂取量もどんどん少なくなっていった。そして今日では、戦前に比べて4分の1の量しか食べなくなってしまったという。

昔の日本の平均的な食卓といえば、毎日毎日、ご飯に菜っ葉の味噌汁、鰯《いわし》の丸干し、それに必ずといっていいほど、きんぴら牛蒡や蓮根の煮つけ、そして漬けものであった。これだけでも、かなりの食物繊維を摂《と》っていたわけだが、現代では、漬けものや根菜の煮もの、菜っ葉の味噌汁などは、そう毎日は口にすることはないであろう。

体の中に入った繊維素は、水を吸収してふくらみ、腸管を通過する際に腸内を清掃。お通じがよくなることは、昔からいわれているところだ。そのうえ繊維素は、体にとって有益な腸内細菌をたくさん増殖させる場ともなる。

さらに繊維素は、胆汁酸の分泌を多くして、脂肪の分解やコレステロールの過剰を抑えるのに効果があるとされ、体にとってとても役立つ存在である。

漬けものは、漬け込む野菜や根茎《こんけい》などが、まず塩分で脱水されるから、野菜の成分はそれだけ濃縮される。したがって、野菜を生で食べるときに比べ、同じ量でも漬けものでは約4倍の繊維を摂取したことになるのだ。

現代人のこの食物繊維の不足は、糖尿病、心臓病、がん、肥満、高血圧、慢性便秘、胃腸病といった、いわゆる〝文明病〟の多発症へとつながったといわれている。それだけに、これらの病気への予防効果があるとされる漬けものをたくさん食べて、食物繊維を十分に摂るようにしたいものである。

カルシウムをはじめ重要ミネラルが豊富

いっぽう、漬けものの成分特性として、多量のミネラル（無機質）の存在が挙げられる。なかでもカルシウムはきわめて豊富で、ほとんどの漬けものの中に高い含有量で存在している。

カルシウムは人間の体重の約2％（平均的日本人には、だいたい1kg）も占めていて、食事の偏《かたよ》りでカルシウムが不足すると、骨格のカルシウムが溶け出して利用されることになり、骨粗鬆症《こつそしょうしょう》や、もろい骨格の形成につながるとされている。

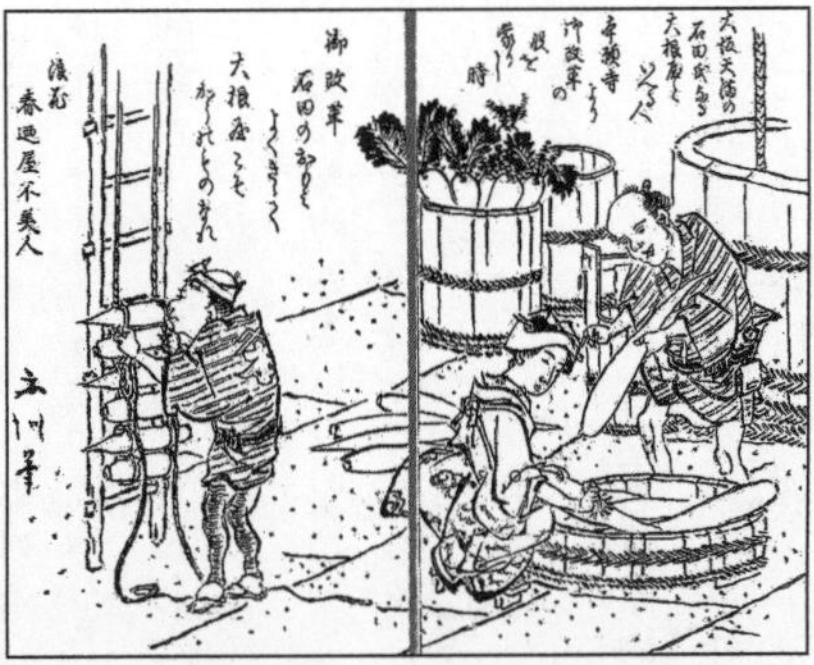

大坂天満の大根屋／『四季漬物塩嘉言』（1836）

そのほか、カルシウムは血液、神経、筋肉の中や、ほとんどの臓器中にもカルシウムイオンの形で存在し、生体の維持に重大な働きをしている。カルシウムの１日の必要量は４００～８００mgとされているから、通常の食べものでカルシウムを摂取し、不足分は漬けもので摂ることは大変けっこうである。

漬けものにはカルシウムのほかにカリウム、亜鉛、鉄、マグネシウムなどの重要なミネラルも豊富に存在していて、生体維持のうえで不可欠の役割を担っている。なかでも、とくに意識したいのが亜鉛である。亜鉛は生体内にあって大切な働きをする成分であるが、この微量成分が今日、多くの日本人に不足しているとの報告がある。

また別の調査によると、昔の日本の肥沃な畑の土壌には、この重要なミネラルが安定的に存在したのだが、今日では深刻なほどの欠乏状態にあるという。昔は「堆肥《たいひ》」という、生ごみや稲藁《いなわら》、糞尿《ふんにょう》などの有機物を発酵させてつくった肥料を用いていたため、土はミネラルが豊かであり、すばらしい野菜ができた。

ところが、堆肥に代わって窒素《ちっそ》、燐酸《りんさん》、カリ、カルシウムなどを中心とした化学肥料が中心となると、それまで堆肥から供給されてきた微量有効ミネラル（マグネシウム、亜鉛、銅など）は激減してしまった。

今日の野菜を分析すると、それらの成分は昔に比べてほんのわずかしか含まれていないのだという。すなわち「漬けものも土づくりから」ということになるのであろう。漬けものは、さまざまな保健的機能性をもったすばらしい自然食品であり、健康維持がいっそう叫ばれる今日、もっとも注目されるべき食べものなのである。

昔からの「おふくろの味」には食物繊維がいっぱい含まれていること、「肌のきれいな健康人」はつねに一定量の漬けものを毎日食べている事実などを、私たち日本人はいまこそ見直してみる必要がある。なお、漬けものを含めて、発酵食品の保健的機能性を知りたい読者には拙著《せっちょ》『発酵食品礼讃《らいさん》』（文春新書）を紹介しておく。

糠みそ

米糠の栄養素と野菜たちが元気にコラボ

【健康効果】乳酸菌、酵母、酪酸菌など有益な微生物が、猛烈に繁殖している発酵の王国

糠みそ漬けをばかにしてはならない。漬け床になっているあの「糠みそ」のほんの一片、そう2g程度だから親指の爪ほどの中に、なんと日本の人口より多い数の微生物がひしめき合っているといったら、きっと驚くだろう。そこには約2億もの乳酸菌や酵母《こうぼ》、酪酸《らくさん》菌などが生活し合っているのである。盃《さかずき》に一杯も取れば、もうその中には地球の人口をはるかに超える数の微細な生きものたちが生息しているのである。

その糠みそ漬けは、日本だけの漬けものである。一名を「どぶ漬け」ともいい、大根、胡瓜《きゅうり》、蕪《かぶ》、茄子などの野菜を、米糠と水と食塩でねり合わせた糠みそに漬け込んだ、まことに日本的な漬けものである。そこには乳酸菌や酵母が猛烈な勢いで繁殖しているから、米糠の成分は発酵されて乳酸やアルコールなどの風味ものとなり、また、タンパク質や含硫《がんりゅう》アミノ酸なども分解されて、特有の匂いを発することになる。

糠みそ漬けの代表である沢庵《たくあん》漬けは、糠みそに干した大根を漬けたもので、これは

江戸で生まれた漬けものである。起源は、江戸品川宿の東海寺の開山、沢庵宗彭《そうほう》和尚によって考案されたから、また、境内にある和尚の墓石が、この漬けものの圧石《おもし》に似ているから、ともいわれている。あるいは、いつまでも保存できる「たくわえ漬」が転訛《てんか》したものなど諸説がある。ともあれ、この糠漬けはその後いっきに全国にひろまった。

この糠みその原料となる米糠には、きわめて豊富な栄養源が含まれている。炭水化物やタンパク質はいうにおよばず、脂質、ミネラル（無機質）、ビタミンなども驚くほど多く存在しているから、そのような栄養素のかたまりに、微生物が繁殖しないはずはない。乳酸菌や酵母はそこで十分満足に発酵し、糠みそという、あの特有の漬け床ができるのである。

この漬け床は、日本の漬けものの特徴のひとつで、外国ではピクルス（酢漬け）やワイン漬けのような液体漬けであるのに対し、わが国の漬けものは糠みそ漬け、麹漬け、酒粕漬け、味噌漬け、もろみ漬け、べったら漬けなど、いずれも個体の漬け床だ。そして必ずそこには、微生物が関与した発酵漬け床がある。

米糠を微生物の力で発酵させ、根菜を漬け込むという糠みそ漬けの発想は、日本人の知恵の深さの一端をよく示している。それは、この糠みそ漬けの中には、巧妙な知恵がいくつも潜んでいるからである。

その第一は、発酵した糠に根菜を漬け込むことにより、微生物によって分解された糠のさまざまな成分が、漬け込んだ材料に浸透《しんとう》していき、じつに風味豊かな野菜に変えることができること。生大根と沢庵漬けを比べてみれば、それはよくわかるだろう。

第二は、糠にあった豊富な微量成分、とりわけミネラル（無機質）やビタミン群が、漬けものの中に移行されるうえ、発酵の祭に微生物によって新たに生成されたビタミン類も根菜に吸収されるから、漬けあがったものは、栄養的に高い価値をもったものになる。それでなくとも質素な昔の食生活の中にあっては、この糠漬けは多くの日本人にとって、貴重なビタミンの補給剤になっていたに違いない。

糠みそ漬けの知恵の第三は、この漬け床は連続発酵が可能であるから、ひじょうに便利な方法であることだ。糠みその糠床をじょうずに手入れして、発酵をうまく管理してさえおけば、その床には絶えず材料を漬け込むことができる。食べて減ったぶんの材料を漬け込むことにより、毎日食べることができるのだ。

その手入れ法とは、①野菜の出し入れの際、必ず糠床を上下混合して空気を抱き込ませる。②野菜から出た水分で糠床がゆるくなったら、ざるを床に押し込んでおいて、上がってきた汁を汲みとり、新しい糠と食塩を補給して適度の硬さにもどす。③ときどきビールや酒の飲み残し、料理であまった酒粕や昆布、唐辛子などを入れて風味をよくする。

たえず「おもり」してやることで、糠床はつねに生き生きと最高の状態をたもち続けるので、旨い糠漬けをせっせとつくってくれるのである。

鰹節

ニッポンが世界に誇る天下無敵のうま味

【健康効果】イノシン酸とアミノ酸の相乗効果は、麹黴が生みだした、すばらしい贈りもの

日本でいちばん硬い食べものは何か？　と問われれば、たいていの人はおそらく「鰹節」と答えるだろう。まさにそのとおり。日本にはこれに勝る堅強な食品はほかに見当たらない。

いや、世界じゅうの星の数ほどある食べものの中でも、鰹節を超える硬さをもつものは、そうめったにあるはずはなく、鰹節は「日本人がつくった世界一硬い食品」とみてさしつかえあるまい。

その鰹節には、日本人が考え出したすばらしい知恵が数多く盛り込まれており、そこからにじみ出てくる味と香りには、日本食文化の原点さえ感じる。

鰹節の原形は、平安時代の法典『延喜式《えんぎしき》』にみられる「鰹魚《かたうお》」という素干《すぼし》品の保存食だろうが、今日のような燻製《くんせい》品が考案されたのは、江戸時代の延宝二年（１６７４）といわれる。

その製法は、原料の鰹を三枚におろし、その身を煮籠《にかご》に入れて、1時間半ほど煮たあと冷やす。そして、骨抜きしてから底を簀《す》の子張りした木の箱に4、5枚を重ねて入れ、焙乾《ばいかん》室で堅い薪材《まきざい》を燃やしていぶし、乾燥する。

この焙乾のやり方は、まず85℃で約1時間、5日間続ける。このあと火を弱めて、さらに数回繰り返す。そして、最後に3～4日間、日光で乾燥すると荒節《あらぶし》が得られる。

さて、日本人の驚くべき知恵はここから先である。荒節を舟形に整形削《けず》りをし（これを裸節《はだかぶし》という）、これを4～5日間ほど日光で乾かしてから、つねに使用している黴《かび》づけ用の樽、または箱に入れて密閉する。

この容器内には、麴黴《こうじかび》の一種、アスペルギルス・グラウカスの胞子が多数生息しているから、その中に裸節を2週間も入れておくと、表面には黴が密生する（一番黴）。これを取り出して白《しら》乾《ほ》し、黴を刷毛でこすりとり、ふたたび黴づけ容器に詰める。2週間ほどして、また黴が密生する（二番黴）から、前と同様の操作を繰り返し、こうして三番黴、四番黴をつけ、最後に十分に乾燥させると製品ができあがる。

さて、あの石のように硬い鰹節の秘密は、この黴の威力によるもの。世界中がまだ微生物の知識をほとんどもたなかった江戸・延宝時代に、わが日本人はじつに巧妙に黴を利用して、堅強な保存食品をつくり出していたのである。

土佐の鰹節づくり／『日本山海名産図会』（江戸中期）

たんに焙乾しただけでは、生節《なまぶし》の表面は乾燥するものの、内部まで硬くはならない。また焙乾だけした鰹節では、乾燥にムラが出て、削っているうちに表面からボロボロと崩れてしまう。

だが、ここに黴をつけてやると、節の表面に生息しようとする黴は、その繁殖にかなりの量の水分を必要とするから、節の内部から表面に水分を吸い上げ、その水を生きる糧《かて》として利用することになる。

おかげで、節は内部から理想的な形で水分が除かれ、硬く乾燥するわけである。

そのうえ、黴が生成した脂肪分解酵素は節の脂肪を分解して、脂肪の酸化による品質上の劣化を防ぐ。

また、タンパク質分解酵素は、節のタンパク質を分解して、うま味のもととなるアミノ酸をつくりだし、同時に、黴がつくってくれたイノシン酸は、そのアミノ酸との相乗作用で、鰹節特有のうま味を私たちに与えてくれる。

黴は湿度の多い環境を好むから、乾燥気候型の西欧に黴食文化はない（例外として、カマンベールのような黴つけしたチーズはみられるが）。だが、湿度の多い国土に生きてきた日本人は、微細な生物の黴をじつに巧みに利用して、驚くべき知恵の結晶ともいえる日本酒、焼酎、味噌、醬油、味醂、米酢など、さまざまな麴黴の食文化をつくりあげたのである。

塩辛

酒盗、海鼠腸、がぜ、めふん…

【健康効果】魚の腸《わた》に含まれる酵素がアミノ酸を生成し、生臭みも分解して熟《な》れた塩味にする

日本は、四方を暖流と寒流の交差する海に囲まれた島国のうえに、山紫水明《さんしすいめい》の地であるので、海も川も美しく、そこには昔から魚介類がまことに豊富であった。

その魚介を追い続けてきた日本人は、漁についても伝統的に巧妙であり、その結果、魚を多く食べる民族となった。また、日本人はその食の歴史上で、獣肉を長く忌《い》み嫌う風習があったために、動物性たんぱく質源を魚介類に求めたのも、世界一の魚食民族となった要因である。

魚のあつかいに慣れた日本人は、当然の結果として、バラエティーに富んだ魚料理や、魚介類の加工法を編みだしたが、なかでも傑作のひとつは、なんといっても「塩辛」であろう。

江戸時代には、すでに全国各地で大切な嗜好食品としてつくられていた。そして、この塩辛には、日本人の貪欲《どんよく》なまでの魚の利用法と、美味追求心から生まれた知恵が

盛り込まれているのだ。

日本の塩辛によく似たものとして、タイのナムプラー、フィリピンのパティス、中国の蝦醤《シャージャン》などがあるが、高級な珍味のイメージを残しながら肉片や腸《わた》を食べる日本の塩辛は独特である。

塩辛づくりの原理は、原料にする魚の内臓にある自己消化系の酵素、とりわけ、タンパク質分解酵素の作用が主体になっている。この酵素は、漬け込まれた魚肉中のタンパク質を分解して、うま味の主体となるアミノ酸をつくりだし、そのうえ原料特有の生臭みを分解し、熟《な》れた塩味を誘起《ゆうき》してくれる。

日本人は昔から、食に対しての無駄を極力避けてきた民族である。だから、魚の腸にうま味を出してくれる何ものかが存在することを知ると、それまでは捨てていた価値なきものを、今度は丹念に取り出しては、細やかな風味をもった価値ある嗜好食品へと一変させる工夫を模索した。

いつの世でも食に対する好奇心と研究心の盛んな日本人は、結果として、さまざまな塩辛を編みだしたのである。江戸時代、土佐藩の十二代藩主・山内豊資《とよすけ》が土佐清水で鰹の腸の塩辛に出合い、「これはよい。これだと酒がいくらでも飲める。酒盗《しゅとう》と名づけたらよかろう」と家来にいった、などというエピソードも残っている。

鰹の腸を利用して、その肉片や筋を漬け込んで「酒盗」をつくり、海鼠《なまこ》の腸からは「海鼠腸《このわた》」を考えだし、鮎の腸や卵からは「鱁鮧《うるか》」を、雲丹《うに》からは「がぜ」を考案。さらに、あいごの稚魚《ちぎょ》では「カラスグワー（スクガラス）」、烏賊《いか》の腸では「白づくり」や「黒づくり」を生みだし、鮭の背腸《せわた》や腎臓からは「めふん」をつくった。

そして、どこまでも貪欲な知恵者にいたっては、なんと、空を飛ぶ鳥から「つぐみうるか」（いまは幻の塩辛となったが、野鳥のつぐみの腸を肉片とともに塩漬けしたもの）まで登場させたのである。

これらさまざまな塩辛からは、日本人の食に対する異常なまでの執念をじつによく観察することができる。塩辛がこれほどまで多彩につくりだされたのは、わが民族が魚のあつかいに慣れていたこともさることながら、日本人の食生活の特徴のひとつが塩の文化に支えられてきたためでもあった。

奈良時代、すでに塩辛の元祖ともいうべき穀類や魚菜《ぎょさい》を塩漬けした発酵品「比《ひ》之《し》保《お》」があり、それが一部は塩魚汁《しょっつる》へと派生し、一部は塩辛に移っていった。『今昔物語』巻28に、「鰺《あじ》の塩辛、鯛の醬《ひしお》などの、もろもろに塩辛き物どもを盛りたり」とあり、平安期、塩辛が「熟《な》れ塩味」系の嗜好品のひとつとしてすでに存在したことがわかる。

かくして日本人は、塩文化の生んだ逸品である塩辛を大切に味わいながら、質素な食卓を充実させようと、これを重宝してきたのである。

くさや

発酵菌が創ってくれる奇跡の万能薬

【健康効果】くさやの漬け汁に含まれるタンパク質系の抗生物質が傷口を治療してしまう

新島《にいじま》は伊豆七島のひとつだが、ここの名物はなんといっても「くさや」である。くさやは最初、この島から生まれた。いまから４００年ほど昔のことだ。

伊豆七島の近海は昔から真鰺、むろ鰺、あおむろ（くさやむろ）、鯖、鰯、飛魚といったいわゆる「青もの」「光もの」の好漁場。そのうえ、干《ひ》ものをつくるのに適した干《ほ》し場（白砂地）があったから、干ものの製造は古くから盛んで、すでに江戸初期には上質の塩干し魚がつくられていた。

当時この地方は、幕府に年貢として食塩を納めていたが、その塩の取り立てがたいそう厳しく、そのため塩干し魚製造用の塩にも制限があった。しかし、そういうときには知恵者が出る。海から海水を汲《く》んできて、これを大きな半切り（盥《たらい》よりも大きい、底の浅い桶《おけ》）に入れて、開いたあおむろや飛魚を浸《ひた》してからその魚を天日《てんぴ》に干す。すると、水分は蒸発してとんでいってしまうが、塩は魚の表面に残る。この魚をふたたび半切りに張った海水に浸してまた干すと、水は蒸発していって塩は魚に残ることになるから、さらに魚の塩分は濃くなる。こうした作業を数回にわたり繰り返すと、魚には塩分がしっかりとのって塩干し魚となり、大消費地の江戸に出荷することができた。

取り立ての厳しい年貢塩を使わずとも、塩干し魚をつくる見事な知恵である。しかも、思いがけない、すばらしい現象が起こった。開いた魚をつぎからつぎに浸していた半切りのほうの海水（漬け汁）がそのうちに発酵しだし、異様な臭いを放つ汁となったのだ。顔をそむけたくなるほど臭いのだが、しかし、嘗《な》めてみるとじつに美味な液体である。

それもそのはず、開いた魚を何百匹と浸しているうちに、魚のうま味がその塩汁の中に溶けだしていたのだから不味《まず》いはずがない。

臭いはきついが、こんなに美味な汁ができたのだから、その発酵した汁に開いた魚を漬け込んで、それを天日で乾かしてから、試しに江戸に送ってみた。するとどうだ、江戸の食通たちのあいだで大評判、珍重されるではないか。ここに名物「くさや」が誕生したという次第だ。ちなみに、たいそう臭いので「くさいや」が、そのまま「くさや」になった。

くさやの発酵菌はコリネバクテリウムという一連のくさや菌で、そのほかに耐塩性の酵母がいる。あの特有の臭いは、それらの菌の生産する酪酸や吉草《きっそう》酸、カプロン酸といった有機酸と、そのエステル類という成分である。

さて、今日のくさやの作り方は昔と大差ない。何十年、何百年と漬け継がれてきたくさや汁に、開きにしたあおむろや飛魚を漬け、それを日干しにしたものだが、じつはこのくさや汁に、驚くべき成分が存在することが明らかになった。

新島は東京都に属するが、なにしろ東京から１５０㎞も離れた離島であり、昔は医療体制が十分とはいえない島であった。そんな時代、島民は身体に異常をきたすと、薬の代わりにくさやの漬け汁にまで頼ったという。下痢《げり》だ、便秘だ、風邪だ、疲労だといっては漬け汁を飲んだ。

たしかにこの汁には、原料の魚から流出したり、発酵菌が生産したりしたビタミン類や必須アミノ酸類が豊富。滋養成分の塊《かたまり》のようなものなので、島民はその効用を体験的に知ったのであろう。

そして、なによりも珍重されていたのが、外科の治療薬としての役割であった。切り傷、腫《は》れもの、瘡《そう》などにくさやの漬け汁をつけると、不思議なことにほどなく治癒《ちゆ》した。時代は下り、この事実が注目され研究したところ、くさやの漬け汁には、なんと天然の抗生物質が含まれていることが判明したのである。

くさやの発酵には何十種類という微生物が関与しているが、彼らは自分たちの子孫だけを増やして、この快適なる生きる場所を確保しようとする。それには他の発酵菌の増殖を抑える必要がある。そこで、相手を殺してしまう物質を生産することになる。それが抗生物質である。

抗生物質にはさまざまな種類があるが、くさやの漬け汁に含まれているものはタンパク質でできているので、人がこれを口に入れても、たちまち唾液や胃液中のタンパク質分解酵素で分解されてしまう。ゆえに、まったく無害である。

この抗菌性物質が含まれているくさやの漬け汁を切り傷などの外傷に塗ると、空気中などから侵入してきた化膿菌は、たちまちくさや菌のつくったその物質に抑えられて、繁殖が不可能になる。したがって、傷は治癒するというわけだ。いやはや大した知恵である。

目に見えない微細な生き物が、あのようなくさやの漬け汁の中でさえ、自分たちだけが生き延びようとして抗生物質をつくるなど、まさにミクロの世界の驚異そのものであり、これらの事実を奇跡と称しても許されるであろう。

熟鮓

薬でもあった熟鮓は魚や肉の漬けもの

【健康効果】便秘の解消、下痢止め、胃がスッキリ、疲労回復、風邪に効く…という貴重食

奥行きの深い味と匂いの近江「鮒鮓」

魚介類を細菌や酵母で発酵させた発酵食品はじつに多種にわたるが、その代表はなんといっても「熟鮓《なれずし》」であろう。熟鮓は魚介を飯とともに重石で圧し、乳酸菌を主体とした微生物で、長い日数をかけ発酵させたもの。近江（滋賀県）の鮒鮓《ふなずし》や、紀州（和歌山県）の秋刀魚《さんま》の熟鮓に代表される。

その原型は中国や東南アジアに古くから伝承されたもので、日本にはひじょうに古い時代に流入してきたと考えられている。紀元前4〜3世紀の成立とされる中国最古の辞書『爾雅《じが》』（周代から漢代にかけての、さまざまな経典や諸経書を採録、解説した書）には、すでに「すし」についての記述がある。

それによると「鮓《さ》」というのが魚の貯蔵品、「鮨《し》」というのが魚の塩辛、醢《かい》が肉の塩辛で、その素材には鯉や草魚《そうぎょ》、鯰《なまず》などの川魚、鹿、兎《うさぎ》、山鳥などの肉が使われてい

た。このように、すしの元祖は魚や肉の漬けものとみてよく、今日の私たちがすしにもつイメージとは大いに異なるものだった。

熟鮓の代表格である近江の鮒鮓の場合、4、5月ごろの産卵前の鮒（にごろぶな）に塩を振って漬け込み、それを七月土用に、鮓桶《すしおけ》に飯と鮒を交互に詰め込んで本漬けとし、強く重石をして発酵させて、正月ごろから食卓に供《きょう》す。鮒のほか鯇《あめのうお》（あまご）、もろこ、鮠《はや》、追河《おいかわ》、鱒《ます》、鰻などの鮓も昔は多かった。

漬け込んでいるあいだ、まず乳酸菌が飯に作用して乳酸をつくり、飯と魚全体を酸っぱくしてph（水素イオン指数）を下げ、防腐効果を保たせる。このとき、魚のタンパク質の一部がアミノ酸に変わってうま味を増すが、肝腎なあの強烈な臭みは、発酵の初期から中期にかけて出てくる。

この鮒鮓がじっくり漬けあがったところで、包丁を入れてほどよい厚さにし、やや紅がかった黄金色の卵巣を肉身とともに少し口にほおばるとき、その奥行きの深い味と匂いは、しみじみと日本人であることの喜びを感じさせてくれる。日本酒の肴としても格好で、また、お茶漬けとしてもお勧めしたい。

丼の熱々ご飯の上に、薄く切った鮒鮓をかるく3、4枚敷き、そこに辛子と葱《ねぎ》のみじん切りを薬味に添えて、上から熱い煎茶《せんちゃ》をかけていただく。すると鮓の酸味とご飯の甘みが融合して絡みつき、その風味は雑念が払われて没頭するほどの奥行きをもっている。

古代文化は大陸から海をわたって日本に入ってきたものだから、日本海の食文化と熟鮓は、切っても切れないほど古くて深い関係にある。だから魚介を発酵させてつくる食べものといえば、日本海沿岸はその伝統に満ちており、圧倒的に種類も多い。たとえば日本海沿岸には、鯖、鱒、鮭などを原料とした熟鮓がいたるところにあり、昔から庶民とともに育ってきた。先に述べた近江の鮒鮓も、もとを手繰《たぐ》れば日本海から〝鯖の道〟をとおってやってきた、日本海文化のひとつである。

こうして、最初は魚介類の保存食品として入ってきた熟鮓も、長い時間の中で日本人の知恵によって「重石で圧する」という、日本古来の漬けもののスタイルとなり発展してきたのである。

熟鮓は魚の長期保存のみならず、発酵中の微生物がさまざまなビタミン群を多量に生成するから、ビタミンの含有量が豊富であり、ビタミン補給という点でも優れた食品だ。

そのうえ、熟鮓に含まれている良質の乳酸菌や酪酸《らくさん》菌は生きた活性菌であるため、これを食べると整腸に効果があり、腐敗菌の繁殖を阻止する細菌群が腸内に多量に棲《す》みついて腸を整えるのである。素朴な食生活を送ってきた日本人にとっては、熟鮓はじつに貴重な発酵食品であり、まことに巧妙な知恵の食べものといえる。

太平洋岸の熟鮓でとくに有名なのは、和歌山県新宮《しんぐう》市や有田《ありだ》郡、海草《かいそう》郡一帯である。ここの熟鮓は、日本海文化系の熟鮓とは異なる。黒潮海流に乗ってもたらされたものとされ、やはりたいへんに古い歴史をもったものである。

秋刀魚、鯖、鮎、鮠《はや》などを背開きにして塩をたっぷり加え、短いもので1か月、長いものでは1年も漬け込む。これを水に1日さらして塩抜きをした後、軟らかめに炊いた飯を棒状にまるめて魚の腹に抱かせ、隙間《すきま》なく鮓樽《すしだる》に詰める。

そして、夏場でおよそ2週間、冬なら1か月ほど重石で圧して発酵させる。できあがった熟鮓は独特のくせのある臭みをもつので「くされずし」とも呼ばれ、酢をいっさい使わない自然発酵で酸味を醸《かも》した、昔ながらの保存食である。

30年ものの「秋刀魚の熟鮓」は和風ヨーグルト

和歌山県新宮市に東宝茶屋という料理屋があるが、ここには「食の化石」とでも表現したいほどの珍味中の珍味がある。秋刀魚の熟鮓を30年も寝かせた「本熟《ほんなれ》」がそれで、粥状に溶けた秋刀魚や飯が、あたかもヨーグルトのような様相と風味を呈している。

私はこれをはじめて口にしたとき、熟鮓のすばらしさの原点に触れたような思いで感動したものであった。ご主人の松原郁生さんは紀州熟鮓の名人で、秋刀魚の熟鮓を仕込んでそれを熟鮓蔵の中の大きな壺《つぼ》にねかせているが、そこには漬け込んだその年の壺から30年間にわたる30の壺が整然と並んでいて、それはまことに感動的であった。江戸中期の延享四年（１７４７）、並木千柳らによる浄瑠璃『義経千本桜』に登場する「釣瓶鮓《つるべずし》」は鮎を使った熟鮓であったが、そのころの「すし」は、すべて熟鮓であった。

富山県や滋賀県、和歌山県のほかに、奈良県吉野地方の鮎の熟鮓、石川県金沢市の蕪《かぶら》鮓や大根鮓もよく知られている。

金沢の蕪鮓は、いっけん蕪の漬けもののようにも見えるが、れっきとした熟鮓のひとつで、寒鰤《かんぶり》を蕪に挟《はさ》んで麹とともに仕込んだものである。これを厳しい寒さの中で40日間ほどじっくりと発酵・熟成させるが、鯖や鮒などの熟鮓特有の臭いはない。麹と蕪の甘み、鰤の塩味とうま味、そして発酵での酸味とが上品に調和し合っていて、発酵のすばらしさが全体に滲《にじ》みでた逸品である。

このように熟鮓は、魚や肉などの保存法として大いに重宝されただけでなく、滋養食としても活用されてきた。とくに熟鮓を食べることで体験した保健的効果を見逃さず、しだいに意識的に摂取することで人々は体調を維持してきた。こうした知恵は熟鮓だけではなく、納豆やヨーグルトなど、多くの発酵食品に共通して見られるものである。

そこで、琵琶湖の周辺に住み、長く鮒鮓を食べてきた人たち、ならびに同じ滋賀県のいわゆる鯖街道の道中筋《どうちゅうすじ》に住み、長く鯖熟鮓を食べてきた人たち約２０００人を対象に、「これまで鮒鮓あるいは鯖鮓を食べてきて、どのような保健的効果があったか」を調査してみた。

調査をしたのは滋賀県にあった財団法人日本発酵機構余呉《よご》研究所。当時、私はそこの所長も務めており、事業のひとつとして「発酵食品と保健機能について」という調査・研究をおこなっていたのだ。実際に調査した地域は、鮒鮓は彦根市、今津町、長浜市、大津市、マキノ町、高島町といった琵琶湖周辺の市町。鯖鮓は鯖街道で有名な滋賀県高島郡朽木《くちき》村や伊香《いか》郡余呉町などである。

まず、鮒鮓の調査結果では、いちばん多かったのが「お通じがよくなる（便秘の解消）」、二番目が「下痢が止まる」、三番目に多かったのが「疲れた胃がすっきりする」、四番目は「疲労が回復する」、五番目は「風邪に効く」であった。

以上がベスト5だが、一番と二番が面白い。つまり「出す」と「止める」という相対の症状に「効果あり」としているからで、これは二つに共通することなのだが「整腸剤としての作用」ということである。よく私たちが、下痢したといっては乳酸菌製剤を飲み、便秘だといっては乳酸菌で発酵させたヨーグルトを食べるのに似ている。五番目の「風邪に効く」という回答には、共通して具体的な方法が挙げられていた。それは、丼に熟鮓を入れて上から熱湯をかけ、その熱いものをフーフーと息を吹きかけながら飲むというもの。驚くほど発汗が起こるから、すぐに頭から布団をかぶって寝て、さらにどんどん汗をかくと、翌日にはケロリと治ってしまうというものだった。

ほかにも、ユニークな回答が寄せられた。たとえば、年配の女性たちからは「鮒鮓を食べると産後の母乳の出具合がとくによくなった」という体験が30数件あった。また、やはり年配の男女から、「結婚して子供をつくる際、男は事に当たる3日前から鮒鮓を朝晩食べると、必ず子供が授《さず》けられた」というものもあった。

いっぽうの鯖鮓の調査でも、鮒鮓と似かよった回答が多く寄せられている。とにかく熟鮓には、ある意味では薬食《くすりぐ》い的な意味をもつような食べ方が昔からあったわけだ。今日のように薬が余るほどある時代と違い、医薬品の乏しい社会に、このような発酵食品の薬食いの知恵があったことは驚きであり、感動すら覚える。

そういえば、先ほど紹介した東宝茶屋では、「30年ものの秋刀魚の熟鮓」を、まるで昔の薬壺のような容器に入れて売っていた。そして、なんと効能書きのようなものまで付されており、昔の薬食であることを裏づけているのである。

二の膳

和の食の盟主

豆腐

復活させたい豆腐百珍の「ろくじょう」とは

【健康効果】大豆成分のほとんどが移行した高タンパク、高脂質のきわめて優れた栄養食品

いったい「豆腐」が、いつごろからできたものであるか、定かではない。最初に中国でできたことは間違いないが、大昔、淮南《わいなん》王がはじめてつくったというのは俗説で、少なくとも6世紀の『斉民要術《さいみんようじゅつ》』には、「豆腐という字はない。その後、宋の『清異録』にはじめて豆腐の字がみえるから、8～9世紀の唐代中期ごろに発明されたものだという説がある。

わが国では、それからしばらくした平安時代の寿永二年（１１８３）に奈良・春日神社の記録にはじめて豆腐の字が見え、鎌倉時代の弘安三年（１２８０）には、日蓮の手紙の中に「すり豆腐」が出てくる。

室町時代に入ると、豆腐はかなり普及していたようで、さまざまな文献に頻繁《ひんぱん》に登場してくる。室町後期の『七十一番職人歌合』には女性の豆腐売りが描かれ、このころすでに一般庶民の味になっていたことがうかがえる。

豆腐の誕生国・中国の大豆乳加工品が、豆腐以外に豆乳や乳腐（豆腐を酒や醤油に漬けて固めたもの）で発展したのに対し、わが国では、豆腐だけが日本人好みのものとして、独自に育てあげられ発展していった。こうなれば日本人は、得意の知恵をさらに加速度的に発揮して豆腐にそそぎ込み、気づいてみたら豆腐の一大食文化をつくりあげてしまった。

その知恵とは、まず第一に、豆腐がタンパク質や脂質に富み、そのうえ消化吸収のよい優れた食品であることを知って、これを積極的に食卓に上らせたこと（栄養学的な知恵）。

第二は、豆腐特有の淡泊な持ち味（味覚）や、美しい白い色（視覚）などを、さまざまな料理に生かしきっていること（調理学的な知恵）。

そして第三は、豆腐を材料にして、いろいろな加工品や保存品を編みだしたこと（食品加工学的な知恵と工夫）で、まったく感心させられるものばかりである。

江戸時代の天明二年（１７８２）の『豆腐《とうふ》百珍《ひゃくちん》』には、豆腐の料理を尋常品26、通品10、佳品20、奇品19、妙品18、絶品7の六つの部門で１００種を挙げており、またその続編にも１００種の料理法が述べられている。

それらの料理のひとつひとつは、豆腐の性状や持ち味をあらゆる角度から研究した、

豆腐売り／『露休置土産』（江戸中期）

まことに理にかなった方法によって紹介されている。豆腐という、あの白く軟らかい素朴な塊《かたまり》から、２００種もの料理を、２００年も前に編みだした先人の知恵には本当に驚かされる。

　湯豆腐、冷や奴、煮物、汁の実などは、日常ものとして大いに食しながら、田楽《でんがく》、揚げ出し豆腐、焼き豆腐、煎《い》り豆腐、がんもどき、凍《こお》り豆腐などからも、枝分かれ的に多くの料理を派生させ、それを心ゆくまで味わっているのだから、日本人の口は肥えるはずである。

　ところで、『豆腐百珍』に登場する豆腐料理の中には、今日ほとんど見られない食法も出てくるから、新しい豆腐食品の開発には参考となる部分が多い。たとえば、続編の28番目に記されている「ろくじょう」というものは、いまは京にわずかに残る六条豆腐のことだが、これなどは、もっと復活させてみたいものである。

「俗に六条という。一挺《いっちょう》の豆腐を八つ程に薄く切り、塩をまぶし、夏の炎天に晒《さら》すなり。僧家では花がつお代りに削りて用ゆ」とある。豆腐を薄く切り、塩をまぶして日干しにして硬くしたもので、鰹節と同じ要領で削ると、あたかも削り節のようになり、これを「精進節《しょうじんぶし》」と呼んで、酢のものや吸いものの実、おひたしなどにかけて喜ばれた。

　私は以前、この日干しした硬い豆腐をつくり、それを梅干しを漬ける際に出る深紅《しんく》の梅酢汁に1か月ほど漬け込んでみたら、じつに鮮やかな紅豆腐が得られた。その色彩といい、味といい、まことに結構な珍味となって、ことのほか酒の肴に合うものであった。

ゆばと麩

精進料理や懐石料理に欠かせない尊食

【健康効果】ゆばは大豆タンパクの滋養食品。
消化のいい麩は小麦タンパクの栄養食品

湯葉、油波、湯婆……いずれも「ゆば」と読む。ゆばは、鎌倉時代に禅僧がその製法を伝えたものといわれる。豆乳を煮るとき上面に薄膜ができるが、これをすくいとったものが、ゆばである。

その色が黄色く、皺《しわ》があるあたり、姥の顔面に似ているので「うば」の名が「ゆば」となったとするのは漫言《まんげん》である。豆乳の上に浮かぶ皮であるから、豆腐の浮皮が濁って「うば」となったとする説と、豆腐の上物を略して「豆腐のうわ」となり、「うわ」が「うば」、そして「ゆば」となったという説の双方が、いずれも正しいようである。

江戸時代に刊行された『骨董集』で、山東京伝《さんとうきょうでん》は「俗説に、豆腐皮をユバという訛方なり。本名はウバなり。その色黄にて皺あるが姥の面皮に似たるゆえの名なりといへるは、みだりごとなり」と述べている。

ゆばは、豆乳を平たく浅い鍋に入れ、ニガリなどの凝固剤を加えずにそのまま煮ると、タンパク質が薄い膜となって表面に張る。これを棒ですくいとり、数回繰り返して採取して、水気をきったものを「生ゆば」、乾燥したものを「干しゆば」という。タンパク質、脂肪、各種ミネラルをきわめて豊富に含む、昔からの滋養食品である。ゆばは、中国では「豆腐皮」または「腐皮」と書かれ食べられているが、日本の場合は、ゆばの種類が多彩で、芸がこまかく、また食べ方にもさまざまな方法をもっている。

　ふつうは平たい紙状ゆばだが、ほかに大巻きゆば、中巻きゆば、小巻きゆば、絞りゆば、渦ゆば、島田ゆば、結びゆば、かせゆばなど、ひじょうに種類が多く、料理によって、これを自在に選んで使う粋さをもっている。

　食べ方は、さまざまの方法があるが、一般的には煮物や椀種《わんだね》となったり、油で揚げて酒の肴にされたりもする。保存がきくうえに、大豆の栄養成分を濃縮したような食品だから、精進料理にあっては、もっとも滋養性の高い食べものとして重宝されてきた。

　それが今日、飽食の時代を迎えると、ゆばは栄養摂取という観点とはまったく違って、自然食品や健康食品として注目を浴び、またその歯ざわりや美しい黄の色彩、形状などを十分に生かした和食の材料として、ふたたび見直されてきたのである。

日本人はいつの時代にも、社会の変化に適応させながら、食材にそなわる特性を自在に生かす工夫と知恵をもっている。

大豆タンパクの滋養食品が「ゆば」ならば、小麦のそれは「麩《ふ》」である。小麦粉から分離したタンパク質のグルテンに糯《もち》粉を加えて混練《こんれん》し、蒸したものが生麩。グルテンに強力小麦粉を加えて混練し、火で焼いたものが焼麩である。

麩はタンパク質を豊富に含み、そのうえ消化がすこぶるよい。室町時代には、すでにかなり普及していたことは、その時代の書物『異制庭訓往来《いせいていきんおうらい》』や『遊学往来』により、うかがい知ることができる。とくに京都は、当時から麩の名産地で、麩師《ふし》と呼ばれた製造業者の集住地域は、いまでも「麩屋町通」として、その名が残っているほどだ。

大陸生まれのこの食べものを、日本人は時代とともに独特なものにつくり直し、多くの種類と食し方を編みだした。

まず、懐石料理や精進料理に欠かせない形や色合いの材料をつくるのに、麩を巧みに利用した。蓬《よもぎ》麩、小豆麩、桜麩、梅麩、そして季節の野菜や果物などをかたどった細工麩などは、いずれも料理にして美しく、まことに日本情緒にあふれるものにしてくれる。

また、鍋物の具に使う実用麩も、棒に巻きつけて焼いた越後地方の車麩、板に塗りつけて焼いた山形地方の板麩（庄内麩）、うず巻き形に青のりを混ぜた観音麩などは、料理によって自在に使いわける。

このように、日本人は、大豆の精「ゆば」と、小麦の髄「麩」を滋養食品としての栄養的価値と、舌ざわりを楽しむ味覚的価値、そして形や色を楽しむ視覚的価値に訴えて、きわめて多目的に上手に珍重してきた国民なのである。

凍りもの

寒天、高野豆腐、凍み蒟、凍み大根…

【健康効果】凍り豆腐の成分の50％はタンパク質。栄養は1丁で、ふつうの豆腐4丁に相当

日本人は、民族特有の食の文化をとおして、ひじょうに理にかなった発想を展開し、多岐にわたる知恵をめぐらしては、ユニークな料理法や調理の道具、そして食べものを独自に編みだしてきた。なかでも、厳しい冬の寒さを利用して生みだした、いくつかの保存食には感心させられる。

その代表格が「寒天《かんてん》」である。天草《てんぐさ》、布海苔《ふのり》、つのまた、おにくさ、おご海苔《のり》などを原料藻《も》として、これを洗浄し、アク抜きした後、約12時間ほど煮熟《しゃじゅく》してこし、これを一定の木型の枠に入れて放置すると、藻から抽出された粘質状の多糖類が固化する。

それを冬の寒い夜、外に出すと凍結する。日中は太陽の暖気を利用して融解《ゆうかい》し、夜また凍結させるということを繰り返すと、そのたびに、水とともに不純物が除去されて、しだいに乾燥した製品となる。使用した原藻から、平均して25％前後の寒天が得

られる。

この寒天、江戸時代中期に京都伏見の旅館の主人が、心太《ところてん》の残りを冬の寒さ厳しい夜の戸外に捨てておいたところ、それが、脱水乾燥して、干もの状となったのが、最初の発見だともいわれている。

残っている記録では、江戸時代の明和年間（１７６４～72）に、宮田半平という人が信州で、その製造の方法を研究し、その後、諏訪の玉川村（いまの長野県茅野市）で製造が開始されたとある。

その後、角型の棒寒天は、長野県で、また、細紐《ほそひも》状の糸寒天は岐阜県でおもに生産され、今日に至っている。このように、日本の厳冬の寒さを利用して「凍《こお》らせもの文化」がひろく普及したのは江戸期のことである。

そのおもな用途は、食品加工用（羊羹《ようかん》、ゼリー、ジャム、乳製品など）、工業用（塗料、糊《こ》料など）、医薬用（緩《かん》下剤、医薬カプセル、オブラートなど）、化粧品用（シャンプー、乳化剤など）というように多岐にわたっている。

つぎに、豆腐である。厳冬の晴天の夜に屋外で豆腐を凍結させて脱水し、これを繰り返してから、最後に日干しして得た保存食が「凍り豆腐」だ。別名を紀州高野山でつくられたとされている「高野豆腐」。一説には、すでに11世紀末に高野山でつくられたとされる。東北では凍《し》みた豆腐だから「凍み豆腐」ともいう。江戸時代の『本朝食鑑』には、寒夜の屋外で凍みらせてつくる手法が記述されているが、今日のものは大部分が、人工凍結法による製品である。成分の50%はタンパク質で栄養価は高く、ふつうの豆腐4丁分が凍り豆腐1枚分に相当する。また、消化がいいうえに、独特の素朴な風味があるから、煮物にするのが人気がある。

蒟蒻《こんにゃく》も様変わりする。薄く切って、やはり凍らせて脱水・乾燥した保存品は、江戸時代によく食べられた「凍《し》み蒟」である。水でもどしてから白和えや汁ものなどの精進料理に用いられたが、いまではほぼ姿を消してしまったようだ。

ほかに、蕎麦《そば》を茹でてから寒夜に凍結させた「凍み蕎麦」は、長期の保存に耐える。また、餅を凍らせた後に乾燥させて保存する「凍み餅」は、急場の保存食として重宝された。

さらに、東北地方では大根を凍らせたものを藁《わら》につるして乾燥させ、これを「凍み大根」と称して煮ものにして喜ばれる。

穀類も寒中にさらす。これを「寒《かん》ざらし」というが、その代表が白玉粉だ。菓子や団子の原料で、糯米《もちごめ》を挽《ひ》き、その粉を寒水で洗い、毎日水を替えてさらす。1週間して脱水・乾燥すると、脂肪が減ってきて、細やかな粉ができる。

　また「煮こごり」は、膠質《にかわ》（ゼラチン質）に富んだ魚を煮て身をほぐし、寒夜にさらして凍らせたもの。飯のおかずや酒の肴によく合う。これらいずれの食べものも、自然の威力を巧みに利用してつくりだした、知恵の産物ということができる。

蕎麦

小麦より高タンパクでアミノ酸の構成もよい

【健康効果】ビタミンPのひとつ「ルチン」は、毛細血管の通過性を正常に維持してくれる

昔は、蕎麦《そば》殻《がら》を焼いた灰で古器物を洗えば、多年のアカもたちまち抜けて、光沢がいや増すといわれた。また、金銀細工をするところでは、金箔を伸ばすのに蕎麦粉を使い、もし金銀粉が散れば、蕎麦粉に付着させて集めたという。ありがたい金が吸いついてくる、その縁起をかついだのが商家の晦日《みそか》蕎麦である。

蕎麦はまた、五臓の停滞物を除くとのいい伝えから、旧年の穢《けが》れから去るための年越し蕎麦となる。引っ越し蕎麦は、体の汚れを清掃する意味である。年の瀬も迫ってくると、街の蕎麦屋の店頭には「年越し蕎麦、承ります」といった歳時風景が目につく。

蕎麦は、日本民族と苦楽をともにしてきた食べものといってよい。タデ科に属するこの一年生草の原産地は、東アジアの温帯北部。ソ連のバイカル湖から中国北東部にいたる冷涼《れいりょう》地域といわれ、わが国には中国から朝鮮半島をへて渡来したと考えられ

ている。

古い記録としては、奈良時代の養老六年（722）七月に、旱魃《かんばつ》（ひでり）による飢饉《ききん》に備えるため、蕎麦の栽培を奨励した元正天皇の詔勅《しょうちょく》が『続日本紀《しょくにほんぎ》』にみられる。山地、痩《や》せ地、乾地、冷涼《れいりょう》な気候でも生育期間が短くてすむから、救荒《きゅうこう》作物（凶作の際にも収穫しうる作物）として日本人をしばしば救ってきた、ありがたい穀物である。

粒食《りゅうしょく》民族である日本人は、この蕎麦を粒食と粉食の両方で食べてきた。粒食は簡潔な食べ方で、粒のまま煮て食べたり、米と炊き合わせて蕎麦飯とする。いっぽうの粉食では、はじめは粉に挽《ひ》いたものを熱湯でこねる蕎麦がきや、これを蒸した蕎麦団子であった。

しかし、江戸時代初期には、つなぎに小麦粉を入れることを知ってから麺上となり、とたんに、日本人を蕎麦好き民族に仕立てた。粒状のままの蕎麦や蕎麦がきは、なんとなく救荒的なイメージの食べ方だが、一転して、これを粋な麺に変身させたのである。

蕎麦を麺状にしてからは、日本人は例によって得意の知恵を発揮し、さまざまなタイプを次つぎに編みだす。つなぎに山の芋を用いた薯蕷《しょよ》切り、鶏卵を用いた卵切り、

屋台の蕎麦屋／『二八そば』三代・歌川豊国（江戸後期）

鯛のすり身を使う鯛切り、挽茶《ひきちゃ》での茶蕎麦、柚《ゆ》子《ず》での柚子切りなど、枚挙にいとまがない。とりわけ、江戸に人口が集中した寛文（１６６１～１６７３）のころから、市中には蕎麦専門の料理屋が多く現れたり、夜鳴蕎麦《よなきそば》が夜間、深更《しんこう》まで路上で売られたりと、大衆庶民の食として重要な地位を占めた。

さて、はじめは救荒用として栽培された蕎麦は、じつは栄養価値の高い食べものであって、この選択は正しかった。小麦よりもタンパク質が多く、アミノ酸の構成も良質であるうえに、ビタミンではB_1やB_2が豊富。なかでもビタミンＰ（毛細血管の透過性を正常に維持する重要な作用をもつ）のひとつであるルチンがきわめて多く含まれている。

このルチンについては、少し前から、ひろく関心が高まった。このような栄養価値の高い食品を、粉食の麺として粒食民族の真っただ中にとり入れた日本人の知恵はあっぱれである。

蕎麦といえば、なんといっても「つゆと薬味」であろう。いくらよい蕎麦を打っても、つゆが不出来ならば、蕎麦の風味が半減する。名代《なだい》の蕎麦屋は、ここにもっとも注意をはらう。

その定式は、味醂と醤油に砂糖を加えて煮立たせたものを「本返し」と名づけ、これに随時、鰹節の煮出し汁を隠し味とともに調合する。店によって味つけに秘術のあるのがうれしい。薬味は刻み葱《ねぎ》が多いが、おろし大根や七味唐辛子も好みで使いわけると楽しい。

蕎麦粉を薄く溶いた湯や、蕎麦を茹《ゆ》でた湯を蕎麦湯という。昔ながらの蕎麦屋では、朱塗りの四角で大きな湯桶《ゆおけ》に蕎麦湯を入れて、茶代わりに出す店が多い。この蕎麦湯には、ミネラルや各種ビタミン、炭水化物などが含まれているうえに、蕎麦の香りが濃く残っているから飲まぬ手はない。蕎麦湯につゆを少々おとして、茶代わりにじっくりと味わってほしい。

饂飩

米の併食として全国に名物饂飩が誕生

【健康効果】饂飩のデンプンはゆっくり分解されてブドウ糖になる。具沢山のメニューが理想食

「うどん」の最初は、小麦粉を丸めた団子。これを箸でつまもうとすると、端がないからクルクルとして掴《つか》みどころがなく、混沌《こんとん》としているから、これを煮たものを「混沌」といった。その後、うどんは食べものだから食扁に改めて「餛飩」となり、温めて食べるから「饂飩《うどん》」になったという。

その始まりは奈良時代といわれ、小麦団子に飴《あめ》を入れた中国渡来の唐菓子がその祖との見方もある。江戸時代に入って、市中に屋台の饂飩屋が出始めて以来、蕎麦とともに日本の代表的な二大すすり麺になった。

江戸の料理文書には、饂飩料理を記述したものがとても多く、たとえば、『料理物語』には汁のつくり方や薬味に胡椒《こしょう》を使うこと、『料理山海郷』にはとくに鰹節での汁のつくり方、『素人庖丁』には「かみなり温飩《うどん》のつくり方、『羹学要道記』には「うどん膳立」のことなど、枚挙にいとまがない。江戸時代は、饂飩食文化が全開した時

期なのだ。

関西地方の麺は、饂飩が主で蕎麦は副。だから関西にいくと本場だけあって、美味な饂飩が多い。そして、粋な呼び方もうれしい。切って干した形の饂飩は切麦《きりむぎ》（麦は麺の意味）、それを熱くして食べるときには熱麦《あつむぎ》、冷やして食べるときには冷や麦などと呼ぶ。

　これに対して関東地方では、饂飩より蕎麦が好まれる傾向もあって、昔は、饂飩のことを「そばうどん」と呼んだ時代もあった。ただ、その食べ方は西も東も醤油、味醂、だし汁などで調味したつゆを下地にして、これにつけたり、これをかけたりしてすすり込むのは同じである。

　饂飩は小麦粉に食塩と水を加え、練り合わせてグルテンを形成させ、帯状に切り出したもの。これを生麺といい、茹でたものを茹麺、乾燥したものを乾麺と呼んでいる。米という粒食主食型の民族である日本人の食にあっては、蕎麦と並ぶ代表的な粉食食品で、その大方は茹でたあと、汁とともに食べる線切りものである。

　小麦粉の団子を煮込んだものが饂飩の原型であったから、本来は煮込み饂飩が食法であったが、いまでは、ほとんどがいったん茹でておいたものを熱湯につけて釜揚げし、これに汁だけかけた素うどんや、天婦羅、きつね（油揚げ）、たぬき（揚げ玉）、肉、

『北斎漫画』葛飾北斎（江戸後期）

卵とじ、にしん、おかめなどの種ものになってしまった。

饂飩を単一食とせず、さまざまな具をのせることで、食味に幅をもたせたり栄養の補給や色彩の美しさなどを織り込んだりしてあり、日本人の知恵と感性の豊かさをかいま見ることができる。

そして、さらに饂飩にかかわる知恵の枝わかれは、全国に名物の饂飩地域をつくって、米の併食《へいしょく》としてこれを大いに発展させた。東海道は芋川の立場《たてば》の平饂飩、香川県の讃岐饂飩、京や難波、近江の関西系饂飩、名古屋のきしめん、群馬は伊香保の水沢饂飩、北は秋田の稲庭饂飩など、他の地域にも名物は数知れない。

原料となる饂飩粉の中にまで、工夫をこらした材料を入れて楽しむのも、日本人の素朴な贅沢からきた知恵のひとつである。卵の卵麺、山の芋の薯蕷《しょよ》麺、葛《くず》粉の葛麺、芥子《けし》の実の芥子麺、片栗の実の片栗麺、黍《きび》の黍麺などは、特有の歯ざわりや風味を特徴づける変わり麺である。

元治元年（1864）、夜売りで登場した鍋焼き饂飩は、煮込みうどんの代表だが、すき焼きや水炊きなどの最後に投入して食べる煮込み饂飩も、格別の味わいとして昔から人気である。

そして今日、若い人のあいだで人気の高い皿うどんは、古い時代からの長崎の名物。饂飩を油で炒め、別にやはり油で炒めた野菜や海老などの具をかけ、好みの味つけ（塩、胡椒、醤油、ソースなど）をして食べる。

西欧のマカロニやスパゲティー料理に共通点が多いのも、若い人にとっての魅力なのだろう。南蛮交易の盛んな1650〜1700年ごろは、すでにこの皿うどんがあったというから、この食べものの歴史はそうとう古い。

天麩羅

日本人を天婦羅好きにした三つの秘密とは

【美味賞嘆】山海の四季の旬ものが存分に楽しめる。ご飯という主食によく合う惣菜の筆頭

江戸時代、「天婦羅」は実体を異にする二つの食べものであった。そのひとつは上方文化圏のてんぷら、他方は江戸文化圏の天麩羅である。前者は、魚のすり身をまんじゅう形やもち形にして油で素揚げしたもので、いまでいう薩摩揚げ。後者の江戸は、烏賊《いか》や海老、芋、牛蒡《ごぼう》、蓮根などに溶いた小麦粉をからめて、油で揚げた衣揚げである。

ここで述べるのは、後者の衣揚げの天麩羅のことである。

「天麩羅」の名の由来は、さまざまだ。スペイン語のテンペロ（料理）説のほか、「天」は揚げるという意、「麩」は小麦粉の意、「羅《ら》」は薄衣《うすぎぬ》の意といった説などはその代表だが、それらを説明するにたりる文献的証明は見当たらず、明確には何もわかっていない。

文献上、はじめて天麩羅の名が登場するのは、江戸時代の寛文九年（１６６９）の

『食道記』である。「小鳥たたきて……」とあるから、これはどちらかというと、すり身揚げのことのようだ。江戸流の衣揚げの初見は寛延元年（１７４８）の『料理歌仙の組糸』で、ここには「魚や菊の葉、牛蒡、蓮根、長芋を饂飩粉にまぶして油にて揚げる也」と見える。

屋台の天麩羅屋／『江戸久居計』（1861）

天明年間（１７８１～89）には、天麩羅の屋台が登場し、庶民の味として人気を博し、嘉永年間（１８４８～54）ごろから、江戸の町には天麩羅の看板をあげた専門店が現れ、そして著名な料亭にも、趣向を凝らした天麩羅を高級料理として出すところが出てきた。

今日、日本人をこれほどまでに天麩羅好きにしたのには理由がある。その第一は「ご飯」という主食に、副食としてのこの惣菜はぴったりと合うことにあった。ご飯の風味に天麩羅の食味はじつに相性がよく、それでなくとも質素で油気の不足な日本の素朴食にあって、ひときわ異彩を放つ副食なのだ。

第二は、醤油の存在である。天麩羅は、はじめは塩をふって食べたらしいが、油のしつこさを醤油はいい塩梅になじませてくれるから、この美しいほどの惣菜を、いっそう日本人の心に焼きつけた。そして醤油は、日本酒やだし、おろし大根と一体となった「てんつゆ」にも変身して、さらに日本人を憧れさせた。

日本人を天麩羅好きにした第三の理由は、この国には天麩羅の種にする材料がつねに豊富にあったことだ。海老、鱚《きす》、穴子、烏賊、白魚、鯵《あじ》のような魚から、さつま芋、牛蒡、蓮根、南瓜《かぼちゃ》、茄子、菊の葉、椎茸《しいたけ》のような野菜まで、春夏秋冬、いつでも新鮮な種がまわりにあるから、旬そのものを存分に味わえる。

さて、天麩羅が江戸で人気を博したのはなぜかといえば、その始まりが屋台の食べものとして庶民に歓迎されたからである。江戸中期の天明年間、すでに江戸市中には天麩羅の屋台が登場しているのが、当時描かれた絵によってわかる。それらの挿画《そうが》をよく見てみると、材料が串刺しにされて油で揚げられていて、いまの串揚げに似たものだったようだ。

このように、当初はもっぱら屋台で串揚げという、あまり高級感のある食べものではなかったのが、幕末の嘉永年間ごろから、家つきの店で天麩羅を専業にして客をとる、いわゆる「天麩羅屋」が江戸市中にどんどん登場してきた。

　こうして天麩羅の人気はいよいよ高まり、明治時代に入ると、著名な料亭の中にも天麩羅を看板にする店も現れてくる。明治時代、銀座の「天金」、新橋の「橋善」は、東京の名物店とされた。その後、関東大震災で東京の天麩羅職人たちが関西に移住したことで、阪神地区の天麩羅の技術は向上したといわれる。

鰻

江戸の背開きは「柔らかく」するための知恵

【健康効果】眼や粘膜にいいビタミンAが豊富。EPAやDHAが血流をよくしてくれる

日本人は「鰻」をたいそう昔から食べていた。この魚、人々の近くにいたから、おそらく縄文時代以前の狩猟採取時代にも当然、食べていたのであろう。文献では、『万葉集』に大伴家持が「むなぎ（牟奈伎）」の名で登場させている。

古代以来、ぶつ切りにした鰻を竹の串に刺して、丸焼きにして食べていたようだが、今日のように開いて、たれをつけて蒲焼きにする食法がとられ出したのは、江戸元禄のころだといわれている。

江戸に鰻屋が多く店を出したのは江戸中期の安永・天明のころで、「江戸かばやきの匂い風流にはあらねど、うまき匂いとや言わむ」と記した文献も見える。しかし、鰻料理は江戸よりも上方のほうが先行していて、鰻を開いてたれで付け焼きしはじめたのも、じつは関西であった。

それが、安永・天明・寛政といった時代に江戸料理が発達しはじめ、その折に上方

流に独自の手法が加えられて江戸前鰻になったと見ていいだろう。

その後、墨田川や品川沖あたりでとれる鰻を「江戸前」だと称して、庶民たちは江戸風の蒲焼きに愛着をこめて舌鼓を打った。その時代に生まれた老舗の鰻屋が、東京ではいまでも続いている。

「丹波屋」や「さぬきや」は元禄から、また「伊豆栄」は享保から、さらに「神田川」が文化年間から、「前川」は文政年間、「ふな亀」は弘化二年、「竹葉亭」が慶応二年などであると、興津《おきつ》要《かなめ》氏は『江戸食べもの誌』（作品社）に開業年代を述べている（現在は閉店している店も有）。

あるいは、漢学者の寺門静軒《てらかどせいけん》著『江戸繁昌《はんじょう》記』には、「たちまち、よい匂いが鼻に飛び込んできた。見る見る蒲焼屋の店頭から、濃い煙が上がり、匂いはますます強くなる。古語に、料理屋の前を通って、大きな口を開き、その匂いをひと嚙みすると肉を口にしなくても満足できる、というのがある。その理屈で、口を開いて煙を嚙み、よだれを呑み込みながら、これこそ江戸の香りだ、明日はどうしても食べなければ」という一文がある。

話はもどって、蒲焼きの江戸流と上方流の違い、言い換えると、江戸で改変されたものと上方流の最大の違いは調理法である。古くは上方では、鰻を腹開きにして頭のついたまま5匹ぐらいをいっぺんに串に刺し、白焼き（素焼き）にしてから、たれをすぐつける筏《いかだ》焼き（長焼き）だ。

いっぽう改変江戸流は、それでは脂が強すぎるし皮も硬いというので、頭を落として背開きにして串を打ち、まず白焼きにしてからこれを蒸しあげる。そして、半分に切りわけたうえで、少なくとも串を3か所ぐらい打ってから、たれで付け焼きするのである。

上方の腹開きに対して、江戸の背開きの工夫は何かというと、あくまでも軟らかくするには、背開きのほうが圧倒的に有利で、そのうえで、さらに蒸して軟らかくするためには、何本もの串を刺す必要がある。つまり串を刺す便宜上の発明と解してよろしい。

鰻には、その大きさや食べたときの美味しさ加減によって、さまざまな呼び方がある。若い鰻から年齢の多い鰻に向けて、筏、串、中粗《なかあら》、粗と呼んでみたり、身（目の下）八寸から一尺（約26～33㎝）の小ぶりなのを「中串」と呼んで、江戸の人はこのサイズをことさら珍重したという。

上方ではこのサイズを「新子《しんこ》」とも呼び、また、身の軟らかい鰻を見た目や色で察知するのに「青」と呼んだり「胸黄」と称したりと、とにかく昔から鰻職人は、このような粋な感覚で命をかけて、鰻にむかっていた。その心が今日まで守り続けられてきたのだから、まさに畏敬《いけい》の食に値するのである。

　鰻料理の旨さは、食材とする鰻の体形と鮮度に左右されるが、さらに重要なのは調理の腕である。俗に「割き三年、串打ち八年、焼き一生」といわれるが、江戸前の蒲焼きの場合には、これに「蒸し八年」が加わる。

　とにかく、一片の鰻を客に出すにも、職人はそれほどの修業と年季を必要とする。我慢と忍耐で経験を積まなくては一人前にはなれないわけで、これは他の料理の世界を見渡しても類がないだろう。畏敬《いけい》の食以外のなにものでもないのだ。

　そして秘伝のたれも、旨さを大きく左右する。「鰻屋の生命はたれに在り」などといわれ、たれの年代の新古によって、暖簾の格が定められたことも実際にあった。一度つくったたれは濁っても棄《す》てることなく、ときどき濾《こ》してそれを種《たね》だれとし、減ったぶんだけ調味料を補充していく。

大道での鰻蒲焼き売り／『守貞漫稿』喜田川守貞

そうすることにより、付け焼きする鰻から出る濃厚なうま味と脂のコク味が、毎日のようにたれに積み重ねられていき、すこぶる美味になっていく。ということで、まずはたれが古いほど、老舗としての沽券《こけん》が保てるのである。

卵

食味や色を十全に生かした江戸の卵料理

【健康効果】鶏卵は、食物繊維とビタミンC以外は、栄養素をすべて含んでいる完全食品

中世以前に「卵」（鶏卵）をあまり食べなかったのは、肉食と同様に、殺生感があったためだろう。

たとえば、『日本霊異記《にほんりょういき》』（奈良時代）や、『沙石集《しゃせきしゅう》』（鎌倉時代）などには、卵を食べたために恐ろしい報いを受けるといった話がある。しかし、時代もずっと下り江戸期に入るや、卵の一大食文化が花開く。

日本ではじめて卵料理の本が出されたのは、江戸時代の寛永二〇年（１６４３）の『料理物語』で、そこには、じつに手の込んだ料理法が記述されている。

「卵ふわふわ」という料理は、溶いた卵をだし汁と煎《い》り酒、たまりで調味して蒸したもの。「まきかまぼこ」は、卵焼きに魚のすり身を塗って巻き、これを茹でたもの。「玉子はす」とは、今日の辛子蓮根のようなもので、溶いた卵黄を蓮根に流し込んで、蒸したものである。

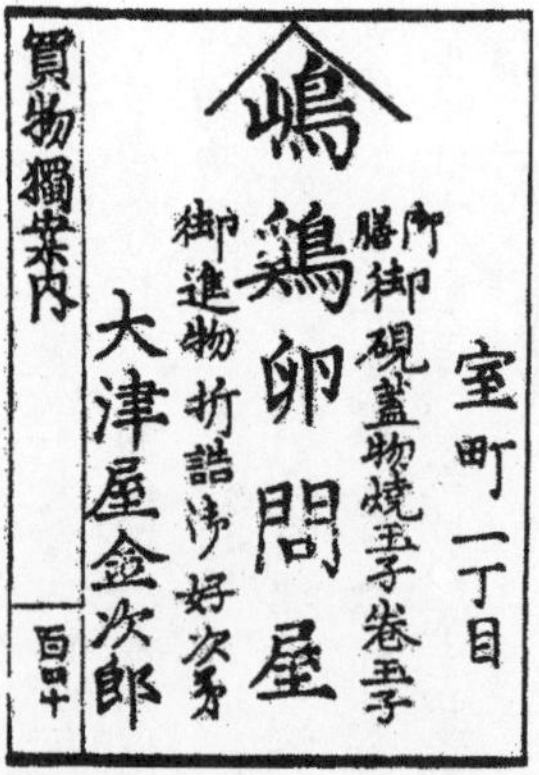

卵問屋の広告／『江戸買物獨案内』

その後、天明五年（1785）には、卵料理の決定版ともいえる『卵百珍』（正しくは『萬宝料理秘密箱』）が刊行されている。

この本には、なんと103種の卵料理が載《の》っている。「牡丹《ぼたん》卵」（和紙の上に卵を割り、これを上手につつんで茹《ゆ》でると、まるで牡丹の花のようになる）、「利休《りきゅう》卵」（白胡麻と古酒を使った蒸し卵）などのほか、「沫雪《あわゆき》卵」「山吹《やまぶき》卵」などといった、まことに風流で手の込んだ卵料理が数多く紹介されているのだ。

また、そのすぐあとに『萬宝料理献立集』が刊行されたが、そこには料理全般、酒の肴、吸いものなど、すべてに卵を使った、卵一色の献立が列記してある。これらの卵料理には、卵のもつ食味や色などを十全に生かすための知恵と工夫が随所に見られ、そこには、日本料理の神髄の一端すらかいま見る思いがする。

なお『守貞漫稿』には、江戸市中で卵を売る人の様子が書かれていて、「たまご　たまご　と云い　必ず二声のみ　一声も三声も云わず」とある。江戸時代、卵は病弱者の力づけとして、あるいは強精、強壮食として大いに信じられ頼りにされていたのだ。

昔の卵料理の知恵が、そのまま今日の食卓に伝わってきたものの代表に、「茶碗蒸し」と「卵豆腐」がある。この両者は、卵の性質をよく知りつくした、気品のある料理だ。

いずれも、卵のタンパク質を熱によって上手に固めたものだが、卵が水をつつみ込んで、全体を一様に軟らかに固める必要があり、そのうえ、口に入ると今度はなめらかに溶けるものをつくらなければならない。

絹のごとき食感の固まり方を引きだすには、だしの量と温度加減が重要である。やさしいようで、コツがいるのである。

とくに茶碗蒸しは、さらに芸が細かい。口に入れると、なめらかなほど優しい卵の感触の中に銀杏《ぎんなん》、鶏肉、海老、蒲鉾《かまぼこ》、三つ葉といった対照的な歯ごたえを配し、それはまた、色どりの豊かさも兼ねている。日本人が編みだした、心にくいばかりの和食の妙味である。

ほかに、厚焼きやだし巻き、魚のすり身を加えた伊達巻き、さらに和菓子類にも卵はひろく使われてきたが、卵大好きの日本人を象徴する例として、卵かけご飯、柳川鍋、玉子丼、親子丼、かつ丼、卵でとじた蕎麦やうどん、かきたま、卵じめのように、卵を気軽にかけてしまう食べ方が多いのに気づく。
こうすると、ひとつの卵が料理をいっそう粋にするから不思議である。

煮もの

そこにあるだけで心落ち着く郷愁食

【健康効果】食物繊維、カロテン、ビタミンB、Cなどが摂れる。日本の食に不可欠な存在だ

好みの材料にだし、塩、酒、醤油、味醂または砂糖などを加えて、汁のなくなるまで煮つめ、からりと色よく仕上げたのが「うま煮」。最初にだしだけで湯煮《ゆに》した材料に、味をつけて十分に汁を含ませたのが「ふくめ煮」。

そして、最初から味加減した中で煮込み、汁気を多少残して煮あがりに照りをつけないのが「煮しめ」だ。

いずれも、昔から家庭料理の代表的献立で、五節供をはじめ、全国に共通する年中行事や家庭行事には、必ず用意される料理である。

日本料理にはこのように、煮ることを大切な基本調理法のひとつとして、さまざまな煮方の手法が昔から伝わっている。中国料理や西欧料理では、揚げたり炒めたりする調理法が比較的多いのに比べ、煮ることによって、さまざまな料理をつくりあげてしまうのは、日本料理の大きな特徴のひとつだろう。

先に述べたように、煮汁を多くしたり少なくしたりして仕上げる料理、煮つけや煮しめ、ふくめ煮、うま煮、照り煮、煮込み（関東煮）などのほか、調味料の違いによっても、味噌煮、佃煮、あめ煮、醤油だき、酒煮、酢煮、梅酢煮などがある。

また、揚げたり炒めたものを煮る煮びたし、揚げ煮、炒め煮、そして煮あがったものの色で表す白煮（蓮根や大根など）、青煮（蕗《ふき》やさやえんどう）、墨煮（烏賊《いか》）、琥珀《こはく》煮（蕪《かぶ》や大根）、べっこう煮（さつま芋）など、煮方はじつにさまざまである。

ほかにも、葛《くず》煮、おろし煮、やわらか煮、あら煮、いとこ煮、治部《じぶ》煮、駿河《するが》煮、船《せん》場《ば》煮、煮和えなどがあって、枚挙にいとまがない。

このおびただしいほどの料理例を見ても、煮る調理法は日本料理の原点のひとつといってよいだろう。煮る方法をこれほどまで考案し、そして、さまざまな食材を煮方ひとつで、多彩な料理につくりわける日本人。料理へのその執念と繊細さ、そして巧妙な知恵には、ほとほと感心させられる。

さらに日本では「茹《ゆ》でる」「煎《せん》じる」も、煮る料理に入れることが多い。ゆで蛸《だこ》、ゆで鳥、湯豆腐、湯引き、水炊き、煎《い》り酒、煎り鯛、煎り豆腐など、いずれも煮たり湯通ししたりする料理である。

日本料理にこのように煮ものが多い理由はいくつかある。その第一は、煮ものにぴったりと似合う日本独特の調味料をもっていることだろう。

とりわけ酒、醤油、味醂、味噌、だし（鰹節、昆布、椎茸）の五つの「神器」は、煮ものを日本人に強く結びつけた張本人たちだ。

第二は、日本には煮ものに適した食材がひじょうに多いことである。山紫水明のこの国では、海や川の魚介、山や畑の根菜が四季にわたって変化に富んで食卓にのぼる。季節に合った煮ものからさえ、日本人は四季それぞれの情緒感を味わうことのできる民族なのである。

第三は、多種にわたる「鍋釜」の発達にある。粒食民族の日本人は、粒ものを多量の水で煮る必要から、深くて底が丸い鍋を発達させ、食材や調理により、さまざまな鍋を使いわける。そして、その鍋に応じた鍋料理が生まれたのだ。

第四には、煮ものに対する日本人の憧れや郷愁といった心情が、煮もの大好き民族を育ててあげてきたこと。

冠婚葬祭ことあるごとに、煮ものをつくっては客に供して接待し、煮ものを重箱や角箱に詰めては、花見をはじめ、芝居を見にいったり運動会に出かけたり。

そして日本料理店では、煮ものを姿よく盛って会席料理の重要な位置に据える。煮ものは、ただそこにあるだけで、なんとなく落ち着く感じがするのである。

冷やしもの

冷や汁、水貝、冷や奴、白玉、茹小豆、心太……

【美味賞嘆】酷暑をよしとし、冷蔵庫はなくても涼やかに夏を乗り切った日本人の知恵と工夫

暑くなると冷たいものを摂《と》りたくなるのは、人間の自然な要求である。日本の夏には昔から「冷やしもの」料理があって、今日でも暑い日の食卓に風情を味わわせてくれる。

元禄時代の『酌の次第』に、冷やしものは「夏の瓜など、また何にても錫《すず》の鉢、あるひは茶碗の物などに入れて、冷し候て出すをいふなり」とある。昔から冷やしものは、夏を彩る風物だったのだろう。

じめじめした蒸し暑さの続いた梅雨が明けると、今度はかんかん照りの真夏がくる日本では、他の国に類を見ないほど多種にわたって、冷たい料理が見られるのは当然なのである。

「冷や汁」は、味噌汁やすまし汁などを、その器とともに冷やしたものを指すが、正統なものは鳥肉や鯛をあぶり、細末にしたものを煮抜き仕立てにし、生姜《しょうが》、茗荷《みょうが》、

浅葱《あさつき》、焼味噌、すり胡麻などを加えてから冷やしたという。

「水貝」は、生きた鮑《あわび》の身の正面に塩を振り、それを束子《たわし》で力強くこすると、肉が締まって、ますます硬くなる。そこで貝から身をはがし、ワタは別にとって肉のほうだけ、なおも塩もみしてよく締める。さっと水洗いした後、賽《さい》の目に角切りし、胡瓜《きゅうり》や桜桃《おうとう》とともに冷水に入れて、山葵《わさび》醤油で食する。コリコリとした歯ごたえは、まさに夏料理ならではの涼味あふれるものである。

ご存じ「冷や奴」は、冷水を器に入れ、これに氷を浮かせて、同寸の方形に切った豆腐を沈めたもの。つけの生醤油には少量の酒を割り、花鰹を添え、薬味に刻み葱《ねぎ》、おろし生姜、青紫蘇《しそ》、七味蕃椒《ばんしょう》（唐辛子）などをそろえてうれしい。

「冷や麦」は、小麦粉を原料として、饂飩と同じ工程でつくられるが、饂飩より細い。熱麦に対し、氷などを浮かして冷やして食べるので、この名がある。

いっぽう「冷やし素麺」は、小麦粉を塩水でこね、これを胡麻油や菜種油をつけてさらに細く引き延ばし、日光に乾かしたもの。やはり茹でたものを冷水にひたし、冷たいつゆをつけて食べる。

暑い夏は体の消耗が激しいから、甘いもので疲れをいやそうと冷菓も多い。「水羊《よう》羹《かん》」は寒天の量を減らした冷味豊かな菓子であり、糯米《もちごめ》でつくった「白玉」は、冷水

冷や水売り（右）／『四季交加』山東京伝（1798）

や氷を配して砂糖をかけてよく、「茹小豆《ゆであずき》」や「蜜《みつ》豆《まめ》」も冷やして、たいそうよろこばれる。冷たい水に放したものを、細く突き出して酢醤油で食べる「心太《ところてん》」も、涼味をよぶものだ。

江戸時代、夏の暑い日は、将軍のような天上人は、日光あたりにつくった氷室《ひむろ》から急いで江戸まで氷を運んできてそれを使った。江戸市中の超高級料亭の「八百善」や「平清」「嶋村」「百川」あたりは、奥秩父や奥多摩あたりの氷室から氷を調達していた。

しかし、一般大衆には氷など高嶺《たかね》の花。ただ、地下深く掘った井戸水はだいたい15〜18℃と、夏場であればけっこう冷やっこかったので、それで凌《しの》いだ。地下深く掘った井戸水は、くみ上げられると夏でも冷たくて、冷やしものを数多く考えだすのに格好だったからにほかならない。

日本で、このように冷たい食べものが昔からじつに多くあるのは、なんといっても世界有数の「水質のよい国」だったからだ。日本の文化というものの大概《たいがい》は、他国に比べて、水との関わりがたいそう深いのが特徴で、食の文化において、その関係は一段と深まる。

酒や茶などのあらゆる嗜好食品や料理にいたるまで、そのよし悪しは水によって決まるといわれるほどだ。よい水をもった民族ほど、高度できめの細かい食の文化を開花させるのは当然なのである。光るがごとく清澄し、冷たく、そして美味な水を使って、夏に冷やしもの冬に温かものを味わってきた日本人は、それらの料理を通して暑さや寒さをよしとしながら、そこに風情をはさんで通りぬけてきたのである。

緑茶

今日の煎茶飲喫法は江戸中期にひろまった

【健康効果】カテキンやポリフェノールは抗がん効果、老化予防、血圧降下など効能いっぱい

茶の木はツバキ科の常緑植物で、インドから中国雲南省にわたる山系が原産地とされる。したがって、喫茶の起源は中国にあるといわれ、中国の古い本、たとえば3世紀半ばころの『広雅《こうが》』には、喫茶の方法が具体的に記述されたりしている。

この古書によると、当時、湖北と四川のあいだの地方では、茶の葉を固めてつくった磚茶《たんちゃ》とか、あるいは茶葉を砕《くだ》いてこれを茶碗に入れ、葱、生姜、橙《だいだい》などを刻んだものを加えて飲んだという。

そのころはまだ、茶という字はなく、「苦」とか「茗」という字があてられていたようで、茶は飲んで楽しむというより、解熱、眠気ざまし、心身強壮など、もっぱら医療用に使われていた。その後、仏教界では酒が五戒のひとつとして戒められたこともあり、飲酒に代わって喫茶が奨励され、いちだんと普及していった。

わが国でも、仏教伝来とともに喫茶の習慣がみられるが、これは遣唐使や留学僧ら

が中国から茶の苗木を持ち帰ってきて、これを寺院の境内などに植えたのが始まりだといわれる。

わが国の史書に記述された最初の茶は、桓武天皇の時代に、伝教大師《でんきょうだいし》・最澄《さいちょう》が唐から茶の苗木を携《たずさ》えてきて、近江国坂本に植え、その後、弘法大師《こうぼうだいし》・空海《くうかい》も帰朝のおりに持ち帰って、肥前長崎に植えたとされている。

しかし当時、茶を用いたのは貴族階級や僧だけであって、その使い方も薬用としての性格が強かったため、平安時代からの飲用は一時、中絶に近い状態であった。

それを復興させたのが、建久二年（１１９１）、中国から帰朝した栄西禅師《えいさいぜんじ》で、宋の国から多数の苗木を持ち帰り、肥前の平戸島や筑前の背振山《せぶりやま》に植えたのが各地にひろまった。

茶祖の栄西禅師がもたらした茶のつくり方は、茶を粉末にした抹茶方式であったが、賢い知恵者の日本人は、この抹茶の性状を利用して、室町時代には、中国の喫茶方法とはまったく異なった茶の楽しみ方、味わい方を確立した。

茶道の祖・村田珠光《じゅこう》や茶聖・千利休といった名匠たちによる「茶の湯」（茶道）がそれである。茶をたんなる薬用や嗜好物としてはとらえず、茶の湯によって精神を修養し、これを他者とおこなって、交際礼法をきわめる道にも用いたのである。

製茶／『日本山海名物図絵』（1754）

この雅趣に満ちた高尚な「修道」の確立をなしえた背景には、茶の木を育てたわが国の肥えた土壌と気候風土、そして、よき地下水と湧水など、日本ならではの条件がそろっていたことがある。

抹茶《まっちゃ》のように茶葉を挽《ひ》いて、粉状にした点茶式喫茶に対して、今日のように茶葉を湯に浸して滲出液のみを飲む煎茶飲喫法は、江戸中期に始まり、その後、急速に一般にひろがった。

緑茶は、紅茶の発酵茶、烏龍《ウーロン》茶の半発酵茶と異なり「非発酵茶」である。また、中国の緑茶は釜煎り法だが、日本の煎茶、玉露、抹茶、番茶、玉緑茶（嬉野茶と青柳茶だけは例外で釜煎り）は蒸し製法であって、大陸とは異なる。

これは天文三年（１５３４）、京都南部の山城国・湯屋谷の永谷宗円が嫩葉《どんよう》（新芽の葉）を蒸して揉《も》み、乾燥して捻《こ》ねるという画期的な製法を発明したためである。

これによって、茶の品質は著しく改良され、長く風味を保つことができるようになった。そして、上品な味と香りをもった日本独自の緑茶が誕生し、わが国の茶は庶民の茶としてひろく普及するにいたった。

お茶は、味と香りが生命である。よい茶は、原則として低温で、時間をかけて抽出したい。玉露は50～60℃で２～３分、煎茶は80℃で1分間ほど抽出し、香りや味を十分に引き出すようにする。

湯の温度が高すぎると、香りがはやく逃げてしまい、逆に渋み成分が急速に出てくるから、上質の茶には低温湯がよいということになる。

番茶の場合は、１００℃の熱湯で、しかも短時間抽出して、すぐ茶碗につぐとよい。番茶は香りが乏しいから熱湯で香りを出し、抽出は短時間にして、渋みの溶出を最小限にとどめるのがコツなのである。

梅干し

有事の日本人を守ってきた食べる家庭薬

【健康効果】クエン酸など有機酸は整腸、食欲増進、殺菌作用に富む。長期保存のきく即席食

昭和前期の人なら「梅干し」と聞けば、まず、日の丸弁当を思い起こすに違いない。戦時中には露営や勤労工場で、戦後の混乱期には焼け跡の整地場で、四角い弁当箱の飯の中に、梅干しただひとつを埋め込んだ質素な飯を食べながら、苦難と欠乏を耐え忍んだ日本人。この赤い小さな玉こそ、粗衣粗食の日本人を支えてきた、食生活の原点といってよいだろう。

梅は、中国原産のバラ科サクラ属に分類される落葉小木で、中国文化とともに、薬木として奈良時代に渡来した。平安時代の永観二年（９８４）に丹波康頼撰『医《い》心《しん》方《ぼう》』には「烏梅」として、その薬効が説かれているから、日本人は梅干しをたいへん古くから重宝してきたことがよくわかる。

禅僧は点心《てんしん》（茶請《う》けや正食時の菜）として、武士は出陣や凱旋《がいせん》の兵糧として、また自家では食べものというより常備品として、大切に食べ続けてきた。

今日のように各家庭に常備され、毎日のように食べはじめられたのは江戸時代からである。梅は塩漬けにすると、食塩の作用で浸透圧が高くなり、細胞の原形質分離が起こって、実からは滲出液が出る。この液が梅酢だ。

平安時代の承平年間（９３１～９３８）の『和名抄《わみょうしょう》』（わが国最古の分類体の漢和辞書）には「塩梅」とあり、この塩梅がやがて「あんばい」と読まれて、味かげんを意味するようになった。梅酢は当時、よほど重要な調味料であったのだろう。

塩漬けされた梅には途中、赤紫蘇の葉を加えて着色し、盛夏の晴天には梅酢から一度出して日干しする。そして、ふたたび戻してしばらく置いたあと、果肉が軟らかくなったところで梅酢とは分けて、容器内に密封貯蔵して味をならす。

梅干しの強い酸味（約４％）の主体はクエン酸で、ほかにリンゴ酢やフマール酸を含むが、これらの有機酸は現代医学でも整腸や食欲増進、殺菌作用などに効果あるものとされている。

そのことを体験的に知っていた日本人は、梅干しをじつにうまく使ってきた。疲れると、元気回復にと食され、風邪といえば湯に溶いて飲み、子どもの食あたりには下痢止めによしと飲ませ、夏負けの防止にとしゃぶり、つわりによしと妊婦が好み、ときにはこめかみに梅肉を張りつけて頭痛薬ともした。

食べものが腐りやすい季節には、弁当やおむすびに入れて防腐の効果も期待した。

梅干しはまさに、日本人にとってオールマイティーの家庭薬という存在であった。

梅干しに薬効があるのは、梅から溶出したさまざまな有機酸のほかに、種子の核や紫蘇の葉から溶出した快香をともなった薬効成分（芳香族アルデヒド類、テルペン系化合物、ペリラ化合物など）のためである。これらの化合物群は、前述したさまざまな症例のほかに、鎮咳《ちんがい》、解熱、利尿、健胃、発汗、解毒、精神安定などに効果がある。

梅をたんに塩に漬けただけでなく、そこに紫蘇を加えて着色させ、見た目を美しくしようとした一方で、梅成分とともに紫蘇成分の薬理効果（鎮咳、健胃、解毒、防腐など）もあわせて期待した日本人の知恵には驚かされる。

梅干しの都合のよいところは、なんといっても長期間、保存のきく食品であることだろう。いつ、どんなときでも即席食として、梅干し1個で飯の2杯は食べられるだろうから「救荒《きゅうこう》食品」としても重宝され、有事の際はいつも日本人を守ってきた。

むすび

不思議と力がわいてくる霊妙なる和食

【美味賞嘆】日本人を精神面から支えてきた食べものがおむすび。素朴で力強い大切な携帯食

「むすび」は、米を主食とする日本人にとって、つねに郷愁を抱かせてくれる食べものである。ひと昔前、熱い炊きたての飯を手を赤くして握っていくエプロン姿の母親、それを腹をすかせていまかいまかと待つ子どもたち。

この白くずっしりして、丸く温かく、そして軟らかい握り飯には、母親の素朴な愛情が握り込まれているようで、理屈なしにうれしかった。だから、この白い飯のかたまりに、塩や味噌で味つけするだけで、もう十分に美味なのである。

この素朴で簡易な食べものには、昔から、日本人を大いに重宝させてきた知恵がある。

その第一は、主食の飯を塩や味噌をまぶして握るだけで、野良仕事や旅の携帯食としてだけでなく、火事や水害などのさまざまな災害時の非常用炊き出しとしても、抜群の即席性をもった食べものになったこと。

第二は、この飯のかたまりを即席食だけにとどめずに、飯の中に梅干し、削り節、たらこ、鮭、塩辛、漬けもの、佃煮などを詰めたり、外側を海苔やとろろ昆布でくるんだり、醤油や味噌を塗ってから、こんがりと焼くなど、いろいろと工夫することにより、粋な定食のひとつにもしたことである。

こうすれば、食器はほとんど使わないから手間が省けるうえ、頰張るときには、手からも旨さが伝わってくる。そして、場所を選ばない。座って食べても、立って食べても、ときには歩きながら食べても、さほどに行儀悪くは思われないという、不思議な主食になるのである。

昔はこのにぎり飯を「屯食《とんじき》」ともいった。江戸時代の『貞丈雑記《ていじょうざっき》』には「屯の字をアツムルと訓(よ)み、強飯を握りかためて鳥の子の如く丸くしたるをいう也。今も公家方にてはにぎり飯をトンジキという由、京都の人物語せり」とある。

むすびは、たんに手で結ぶからそう呼ぶだけではない。江戸時代の国学者、新井白石が著した『東雅《とうが》』によると、「むすび」は『古事記』の中に現れる「産巣日《むすひ》」または「産霊《むすひ》」と関係があるという。

いずれも、「万物を生み、成長させる、神秘で霊妙な力をもっているもの」を指す言葉で、「むす」は「発生する、生える」の意、「ひ」は「心、霊」の意である。

そういわれてみれば、たしかに握り飯を食べると、なんだか知らないが身体の中から力がわいてくるような気がする。

その典型的な例が、運動会であった。私の小さいころの運動会の昼飯というと、重箱のひとつには、煮しめ（里芋、蒟蒻《こんにゃく》、人参、鶏肉などの煮もの）が詰められ、もうひとつの重箱を開けると、三角形のむすびがきれいに並んでいた。

青空のもと、家族とともにこのむすびを食べると、「ようし1等賞になるぞ」という気分になったものだ。

さらに、災害時には必ずといっていいほどむすびが出る。つくるのが簡単だということもあるが、やはりそこには被害者を「力づける気持ち」がこもっているのであろう。そして、みんなが一緒にむすびを食べることにより、文字どおり「同じ釜の飯を食った仲間」としての連帯感をもつという効果もあるのだろう。むすびは、じつに不思議な〝力づけの食べもの〟なのである。

むすびは、昔から京坂では俵《たわら》形につくって黒胡椒をまぶし、江戸では円形ないし三角形だ。形を均一に整えるため木型で押し抜く方法もあったが、これは劇場でもっぱら幕の内の中食《ちゅうじき》に用いた。

むすびの基本は腰である。両の手のひらを軽く水で濡らして粗塩《あらじお》を塗りつけ、飯をとり上げたら、腰をぐっと入れる。そして腰に力を入れたまま、ご飯をぎゅっ、ぎゅっと押し込み、回転させながら握っていくのだ。

むすびで私が想像するのは、終戦直後のある1枚の写真である。背景は焼け野原となった東京。まだ煙くすぶる民家の焼け跡の前で、さも美味しそうにむすびを食べている、ボロボロの服を着た人たちの写真だ。本当に美味しそうに食べているのが印象的だった。

写真界の巨匠、木村伊兵衛さんが写したものだったと記憶している。むすびのもつ力強さというものを改めて感じさせる写真であった。

梅干しと同様、むすびもまた、戦後の日本人に力を与えてきた食べもので、戦後のこの国の原点のひとつになった救荒食といえよう。

ひと仕事終えたときも、むすびはうまく感じられる。私は福島県の阿武隈《あぶくま》山地の山の中で生まれた。家は造り酒屋ではあったが、小さいときは野良仕事もよく手伝った。いくら若いとはいっても、田植えや畑仕事、草刈りなどを終えると、もうへとへとである。

そんなときに、一服しようやということになって、ようやく腰をおろして、渋茶をずずっとすすりながら食べたむすびの旨いこと、旨いこと。あの味は生涯忘れえぬものである。

農業とは万物を産む営みである。そんな生産活動をした後に、万物を産む霊力をもつむすびを食べるのだから、そこからはおのずと大きな感動が生まれる。そして、新たな生産活動、創造活動に向けての力がわいてくるだろう。

それが、昔の人のいう「産巣日、産霊」の本当の意味なのである。なにも生産活動をしないで、自堕落《じだらく》な生活をしていては、むすびを食べても感動は生まれない。

ここ数年の外食店の繁盛で、街のいたるところにむすび屋ができた。「米は本場のササニシキ」とか、「コシヒカリのおむすび」などと銘柄米を使い、中には削り節や鮭、たらこなどが入っているから、不味《まず》かろうはずはない。

だが、買って食べてみると、どうも昔食べたむすびの味とは少し違う気がする。姿はきちんとそろいすぎていて、どうみても昔のような、どっしりとした感じがない。昔のむすびを知っている者にとっては、いささかもの足りない気もする。

あるいは、コンビニはこの国の隅々にまであるから、どこでもむすびが買える。表面的に見れば、日本のむすび文化は廃《すた》れるどころか、ますます盛んだといいたいところである。

とはいえ、最近ではむすびを握れる人がほとんどいなくなってしまった。若い人などは、その握り方を知らない人が多い。たまに握らせてみると、手にしたそばから飯がぼろぼろこぼれ落ちるような代物をこしらえる。むすびのつくり方自体は単純だが、けっして簡単なものではないのだ。

むすびのつくり方を学ぶことは、日本の食文化を体感するための基本のひとつである。かたく結んだむすびの素朴な美味さを私たちは忘れてはならない。むすびに喜びを感じる国民が少なくなってしまったことは、じつに悲しいことである。むすびのよさを知らなくなったときから、日本人は精神的に堕落していくのであろう。

粥と雑炊

消化吸収がよく、体を温めてくれる伝統食

【健康効果】粥は病人食、老人食、離乳食、養生食として、日本人が古来重宝してきた健康食

「朝早く粥をぬくめて、軟らかくして食べると、胃腸を養い、からだを温め、つばきがでる。寒い月にいちばんよろしい」とは、江戸中期に書かれた『養生訓』での貝原益軒の訓。日本人は昔から、質素な「粥《かゆ》」を大いに食してきた民族である。

粥はもちろん日本だけのものではない。中国では古く明代に、朝廷で粥を互いに贈答しあったし、仏教の教えにも、粥は飢えと渇《かわ》きを除き、大小便を整えるなどの利があるとして、その功徳《くどく》がいわれてきた。

また現在でも、中国の南部では日常食のひとつとして、毎日３食のうち１食は粥食に当てている地方もあるほどだから、粥食ではむしろ大陸のほうが先輩格である。

粥は、米などを多めの水分で軟らかく煮たものであるから、米主食型の日本人は、稲の伝来直後から粥を食べてきた、典型的な粒食民族である。ところで、日本人は古くから、米を焼く、煮る、蒸すという、さまざまな調理法で食べてきた。古くは焼い

たものを「焼米」、蒸したものを「飯」、煮たものを「粥」といったが、大半の食法は大昔から煮熟《しゃじゅく》法、すなわち粥である。

粥はその硬さによって固粥と汁粥に分けられるが、今日われわれが食べているご飯は固粥に入り、一般にいう粥は汁粥に入れて間違いなかろう。ただし、後者の汁粥の場合、昔から日本ではその濃さによって名称をつけて分けている。

すなわち「全粥」とは米と水を重量比で1対5にして炊いたもの、「七分粥」は1対7、「三分粥」は1対15、そして米1に対し水10の割合で煮て、汁だけを漉《こ》しとったのは「重湯《おもゆ》」、全粥1に対し重湯9の割合で混ぜたのは「御交《おまじり》」である。病人食、老人食、離乳食など、目的に応じてそのつくり方を決めているのは、いかにも日本人の細やかな発想から生まれた知恵である。

日本の粥には、白米を煮ただけの白粥のほかに、昔は麦、稗《ひえ》、粟《あわ》、栃《とち》の実、さつま芋、大根、里芋、栗などの増量材料を入れたものが多かった。江戸時代、地方ではどこでも家族が囲炉裏《いろり》を囲み、自在鉤《じざいかぎ》で吊《つ》った鍋で煮炊きをして食べる形態だったので、たいがいは食事に粥や雑炊を日常的に食べていた。

味つけも塩だけのものから、茶で煮る茶粥、甘葛《あまづら》の汁で煮たもの、そして正月七日の七草粥、1月15日の小豆粥、8月1日の尾花粥（疫病を除くとした粥で、芒《すすき》の穂や早《わ》稲《せ》の穂を黒焼きにしたもの、またはその代用に黒胡椒を混ぜて食した）など、民俗伝承としての粥食も多い。

いっぽう、日本には粥に似たものとして「雑炊《ぞうすい》」がある。粥との区別の基準は必ずしも明確ではないが、「御粥」という字がすでに、伊勢神宮の『皇太神宮儀式帳』（８０４年）にみられるのに対し、雑炊は平安時代末期から室町時代にかけて塩雑炊や味噌雑炊、鴨雑炊などが現れているから、粥よりはあとの食べもののようだ。

粥状に米を煮るとき、粟、黍《きび》などの雑穀や、あり合わせの魚介菜藻を混ぜ、また、ときには蕎麦粉、もろこし粉などをも練り合わせ、塩、醤油、味噌などで味つけする。米の節約のほか、回復段階の病弱者の栄養補給と消化吸収、そして冬期の保温食など、さまざまな目的により、昔から重用してきた知恵食のひとつである。

嗜好の雑炊としては、牡蠣《かき》や卵、鶏肉などを加えたりもするが、なんといっても河《ふ》豚《ぐ》ちりや寄せ鍋などの鍋ものの残り汁にご飯を加えてつくる雑炊は、その美味さに舌も舞うほどだ。なお、雑炊を別名「おじや」とも呼ぶが、これは「煮える」という意味の女房詞《にょうぼことば》である。

三の膳

海の幸の満悦

鯨を食す

毒がなく、人の体によく、美味しいもの

【健康効果】肉食禁忌の日本人が、動物性タンパク質を摂るために重宝したのが鯨であった

鯨肉は江戸の庶民の活力源

永禄一三年（１５７０）、織田信長が禁裏《きんり》（天皇の住まい）へ鯨肉を献上した。その献上肉のおすそわけを公家の山科言継《やましなときつぐ》が食べ、「ことのほか美味であった」などと記録に残っている。当時、捕鯨の最盛地は伊勢と三河だったので、信長が献上したのは、たぶん三河湾の鯨ではなかったかと思われる。つまり、武家だけでなく、公家もさかんに鯨を食べていたのである。

鯨肉はなんといっても美味い。ふつうの魚より味がずっと濃厚で、当時は雉《きじ》や鴨《かも》も食べられていたが、それらの野鳥よりもはるかに美味で、タンパク質も脂肪も豊富だ。

そんな禁断の味、魔性《ましょう》の味のような鯨を一度食べてしまったら、武家であろうと公家であろうと、さらには天皇であろうとも、その虜《とりこ》になってしまい、どんどん惹《ひ》きつけられていったことだろう。

室町末期に書かれた『四條流庖丁書《しじょうりゅうほうちょうしょ》』という料理書にも鯨が登場するが、そこに食材としての魚の格付けが載っていて、最高位が鯉、二番目が鯨なのである。昔から珍重してきた鯛をさしおいて鯨が重用されたことは、日本の食材史上きわめて特筆すべきことだ。鯨食は古代より日本人の身に深く染み込んだ、深層文化のひとつだったことがわかる。

　江戸時代には、日本列島の人口はすでに２０００万人に達していたといわれる。人口が増えるにしたがい、動物性タンパク質の確保がいよいよ重要になってくるが、仏教の影響を受けた日本では、殺生をしてはいけないという肉食忌避の教えが定着していたため、庶民の食卓にはあまり上らなかった。

　そのうえ、五代将軍・徳川綱吉によって「生類憐みの令」が発布され、動物の殺生が禁じられた。ただ、生類憐みの令はそれほど厳重ではなかったようで、目のとどかない地方はもちろん、江戸市中でも陰に隠れて獣肉が食べられていた。

　こっそり食べられていたのは、鳥類では鶉《うずら》、鴫《しぎ》、鶫《つぐみ》、山鳩、雁《がん》、鴨、雉などの肉、獣では鹿、猪《いのしし》、狸《たぬき》、兎《うさぎ》、川獺《かわうそ》、熊などの肉だったが、たとえば鹿の肉には「もみじ」、猪の肉には「ぼたん」などという隠語が使われていた。

　とはいえ、多くの人たちが大手をふって食べていたのはやはり魚類で、鰯《いわし》、鰺《あじ》、鯖《さば》、鯛《たい》、鱈《たら》、鱒《ます》、鮭《さけ》などの海魚と、鮎《あゆ》、鮒《ふな》、鯉《こい》、泥鰌《どじょう》、鰻《うなぎ》などの川魚であった。鯨も当然、海の魚とみなされていたから、食用として抵抗はなかった。

それどころか、鯨を1頭捕れば、数百あるいは数千もの人の食料となり、しかも、魚よりもはるかに旨く、また、活力源となるタンパク質と脂肪を豊富に含んでいるため、人々に大いに喜ばれていたのである。猪の肉が「山鯨」という隠語でも呼ばれていたように、鯨そのものは江戸の庶民に十分に定着していた食べものであった。

それを物語るように、江戸期に出された料理書の多くに、鯨料理がたいていは何十品目と出てくる。このように江戸市中に鯨肉がひろく普及した要因のひとつは、１７００年代後半に鯨肉が安定的に供給されるようになったから。それまでは、特権階級以外ではおもにクジラの捕れる海の近くでしか食べられなかったが、江戸の庶民のあいだでも頻繁に鯨肉が食べられるようになり、鯨食文化が花開いたのである。

鯨肉の安定供給が可能になったのは、ひとつには肉の保存法が発達したためだ。すでに大規模に塩をとる方法が確立しており、それによって食物が長く保存できた。また、すでに塩を使って醤油や味噌がつくられていたから、これに肉を漬けることも可能であった。

紀州で捕り、三河で漬け、江戸に運ばれた

もうひとつの大きな要因は、海上の輸送手段が飛躍的に発達したことである。当時、すでに北前船《きたまえぶね》や樽廻船《たるかいせん》などが就航していた。北前船は北国廻船として、奥羽・北陸の諸港から日本海をとおり、さらに西まわり海路で大坂・兵庫などの諸港まできており、物流の幹線となっていた。また、太平洋航路の千石船も米や塩、木材、織物など、各地の産品を大量に輸送し、全国に流通するようになった。

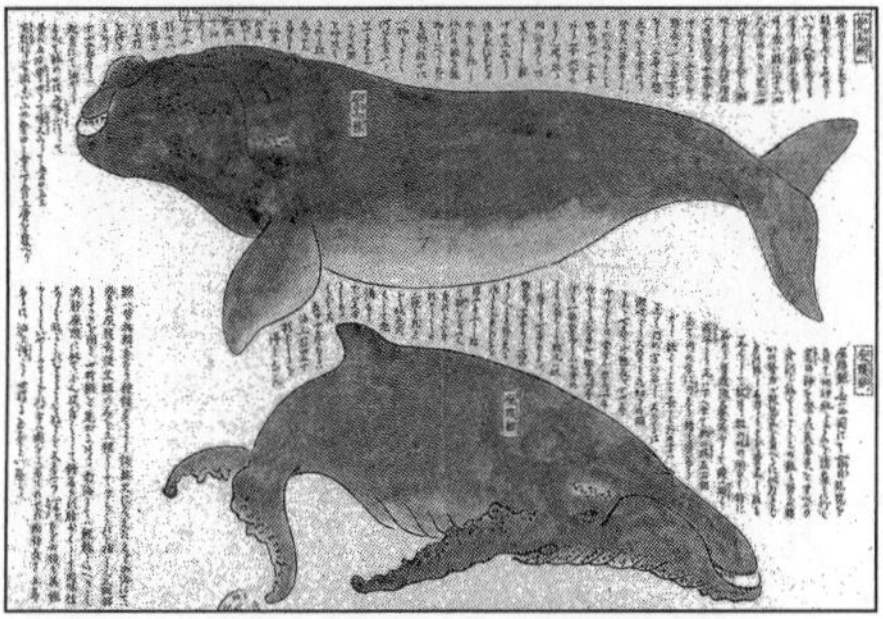
背美鯨（上）、座頭鯨（下）／『勇魚取絵詞』（1829）

　樽廻船は、江戸への酒や食料などの物資を大坂で積み、当時から最大の捕鯨基地だった和歌山の太地《たいじ》にも向かった。太地に着いて鯨肉を積むついでに、醤油発祥の地・紀州の湯浅に寄って醤油も積み、知多半島の武豊《たけとよ》港などでは酢や味噌を積み込んだ。

　三河には八丁味噌やたまり醤油、米酢や味醂《みりん》などがあり、物資供給の地であった。そして、この地で

太地の鯨を塩漬けや醤油漬け、味噌漬けにして運んだ。こうして、紀州で捕れた鯨肉は三河を経由して、はるか江戸まで運び込まれるようになったのである。

太平洋沿岸を帆走した樽廻船は、大坂から三河経由で江戸まで就航していたが、その船脚はひじょうに速かった。黒潮のおかげで、いわゆる「黒潮川」と呼ばれる潮の流れに乗ると、船は高速が出たのだ。そして鯨が、船と同じコースをたどってくるのである。

日本海側も同様で、南から上がってくる暖流と北から下ってくる寒流がぶつかっているため、魚が豊富。したがって鯨も多い。古代には、そうした潮に流されて沿岸にやってきた鯨を捕ることが大半であった。

江戸の町中には、鯨料理屋もあった。江戸の町を描いた当時の絵を見ると、居酒屋の軒先に「鯨」と書かれているものがある。この時代、鯨はどのように食べられていたかというと、ほとんど「たれ」である。たれとは、鯨の赤身の肉を薄く切り、醤油に漬けて干しておいたもので、長期保存ができる。それをさっと焙《あぶ》って食べたり、塩抜きをして吸い物や味噌汁の具にしたりが多かった。

江戸時代の有名な食べもの書に、元禄一〇年（１６９７）に刊行された『本朝食《ほんちょうしょく》鑑《かん》』がある。さまざまな食べものについて載っているが、その中に「毒がなく、もっとも人の体によくて、美味しいものは何かといえば鯨である」と書かれている。『本朝食鑑《ほんちょうしょくかん》』と並んで有名な『和漢三才図会《わかんさんさいずえ》』は、正徳三年（１７１３）ごろに出版された絵入りの百科事典である。この本には、すでに日本列島の地図が載っていて、なんと各地の捕鯨基地が記されているのだ。現在の佐賀県呼子《よぶこ》や和歌山県太地、北海道松前、長崎県五島列島など、全国の鯨の産地が紹介され、松前では焼き鯨が食べられているとある。各地でいろいろな鯨の食べ方をしていたようだ。

寛政元年（１７８９）に出された『大成武鑑』という書には、諸大名が将軍家に献上した貢ぎ物の一覧が出ている。それを見ると、紀州（和歌山藩）の殿様は毎年10月に、将軍家に鯨を進上している。徳川の歴代将軍は毎年、鯨を食べていたことになる。

鯨はかなりの数が近海にいたようで、江戸湾にも頻繁に入り込んできた。ちなみに寛政一〇年（１７９８）のこと、品川沖に鯨が入り込んできて、大勢の見物客でにぎわったという。しかも、鯨類の中でももっとも大きい白長須《しろながす》鯨だったといわれていて、「寛政の鯨」として「文政の駱駝《らくだ》」「享保の象」とともに、江戸を騒がせた三大珍獣として並び称された。

このときの鯨の頭骨は、利田《かがた》神社（現在の品川区東品川）に納められた。この神社には、いまでも当時の鯨塚が残されている。

鯨を捕る

巨大な生きものに挑んだ先人たち

【美味賞嘆】鯨の「尾の身」の刺し身は江戸の昔から〝最高に旨い〟憧れの部位だった

『勇魚取絵詞』はクジラ百科本

井原西鶴の『日本永代蔵《にっぽんえいたいぐら》』には、和歌山の太地《だいち》にいた「鯨突き」（鯨を銛《もり》でうつ人のこと）の名人、太地角右衛門をモデルにした天狗源内という男の話が出ていて、歌舞伎の演目にもなっている。

天狗源内は、鯨を銛で突くのが得意で、仕留めた鯨がどのぐらい大きかったかといえば、体長は三三尋《ひろ》二尺六寸、いまの単位でいうと約60ｍの背美《せみ》鯨。前代未聞の大きさであると書かれている。鯨油は樽で１０００個分もとれ、白い脂の塊はあたかも富士山の雪のごとく、赤肉の塊は紅葉の高雄の絶景を見せている……などと形容している。さらに骨や皮や鰭《ひれ》は、すべて無駄にすることなく利用したことも書かれている。

江戸時代中期には、『勇魚取絵詞《いさなとりえことば》』という、なんともマニアックな鯨専門書も出た。

小山田与清《ともきよ》という国学者が、長崎の平戸藩による捕鯨の様子を描いたもので、鯨の捕り方や鯨の種類をはじめ、鯨の解体の仕方、その道具、鯨の部位の名称など、鯨の加工についての一切をまとめた貴重な本だ。

そして、付録には『鯨肉調《げいにくちょう》味《み》方《かた》』という鯨料理のガイドがついていて、その中身はすべて鯨の食べ方なのである。

赤身や尾の肉はもちろん、内臓や皮（黒皮以外にも頭の皮や両脇の皮など、部位によって食べかたが違う）、乳房や子袋（子宮）、目玉、陰茎にいたるまで67の部位の調理法が載っているが、驚くことに肺臓の食べ方まで紹介している。

『鯨肉調味方』についてはあとでまた触れるが、鯨の全身を食べつくした著者の小山田与清によれば、最高に旨いのは尾の身の刺し身だという。これには私も納得、尾の身はやはり江戸時代から憧れの部位だったのである。

このように、江戸時代の中期から後期には、鯨の捕り方から料理の方法まで、じつにさまざまな文献が出ていたところを見ると、鯨食はすでに大衆の層にまでひろがり、さらにかなりの数の鯨を捕っていたことがわかる。

人々が鯨で活力を得ることを知り、またその旨さに驚くと、鯨をめぐる食の周辺もしだいに発達し、需要はさらに拡大していく。その要望に応えるべく、今度は寄りつく鯨だけに頼らず、沖を泳ぐ鯨を狙って、じょじょに組織的に鯨を捕獲するようになっていった。

古い記録では、室町時代末期には尾張（愛知西部）、三河（愛知東部）、伊勢（三重）といった東海地域で、組織的な鯨漁が小さな規模ながらおこなわれていた。この地方には、背美《せみ》鯨や克《こく》鯨といった沿岸性の鯨が多く遊泳しており、それを捕っていたのだが、しだいに大組織になっていく。

江戸時代に入ると、いよいよ鯨を積極的に捕るための一大組織ができた。それが「鯨組」である。鯨組は、その規模をどんどん成長させ、巨大な組織をつくりあげていく。

もっとも古いとされる鯨組は、いまの和歌山県太地町で、慶長一一年（１６０６）、源頼朝の功臣・和田義盛の後裔《こうえい》である和田頼元が、銛で突いて捕る捕鯨を始めた（これらの組織を「刺し手組」と称した）。この捕鯨を「突き捕り法」といった。同じころ、安房国勝山（いまの千葉県勝浦）にも、醍醐《だいご》氏により捕鯨組織ができた。これらの刺し手組は互いに発展していって「鯨組」を組織する。

そして太地の和田組は、頼元の孫の和田惣右衛門（のちの角右衛門）の時代に、さらに画期的な捕鯨法を発明して、より大きな集団に発展していく。それは「網取り式」という捕鯨法で、鯨に丈夫な麻でつくられた巨大な網をかぶせて捕るのである。

この捕獲法の開発により、鯨は逃げることができず、また沈んでしまうことも防げるので、革命的といってよいほど捕鯨の効率が高まった。

そのうちに、この捕鯨法は全国の鯨組にひろまり、鯨組はさらに大組織化していく。こうした大組織で捕鯨がおこなわれていたのは、紀州の太地、古座《こざ》、三輪崎、土佐の津呂、浮津、窪津、長門の仙崎、通《かよい》、肥前の小川島、平戸、有川、宇久島、生月《いきつき》島、壱岐《いき》の勝本、対馬《つしま》の鰐浦《わにうら》などである。

大規模な集団「鯨組」の捕鯨システム

鯨組を構成する人員は大小さまざまだったが、中堅の規模では、経営・管理担当20人、海上での捕鯨従事者５００人、解体・加工・運搬船大工など陸上での従事者２００人と、およそ７００人であったが、なかには太地のように３０００人規模という組織もあった。

これは当時としては超大型の企業で、桁違《けたちが》いの一大産業であろう。この時代、それほど大きな産業はなかったから、金山や銀山、銅山といった集団鉱業と並んで、捕鯨は日本でもっとも大きな産業組織のひとつだったのではないだろうか。

その太地での網捕り法だが、網は小学校の校庭ぐらいの大きさ。船で沖までいって網をはり、そこに鯨を追い詰めてから銛で突いて抵抗力をなくし、網船で引っ張ってきていたという。鯨を網で捕るというこの捕鯨方法は、歴史的にみても世界中どこにもない、日本だけのものである。

　では具体的に、どのようにして鯨を捕っていたのだろうか。

　まず、海を見渡せる場所で、鯨がくるのを監視している「山見方」が発見すると、のろしを上げ、鯨の位置や頭数などを信号旗で伝える。するとその情報をもとに、網船という船が沖に網をかける。さらに、勢子《せこ》船という船が鯨のうしろに回り込んで、鯨を網のほうへ向けさせる。

　勢子船が互いに協力し合って鯨を網に追い込み、その行動を鈍らせると、「羽刺《はざし》」と呼ばれる者たちが鯨に手投げ銛をどんどん打つ。銛の先には勢子船に結ばれた縄がついているので、鯨が逃げようとしても、勢子船を引っぱらなくてはいけない。そして鯨が体力を消耗してきたところで、鋭い剣で止《とど》めを刺す。

　陸では、鯨を引き上げる人たちが待機している。さらに、鯨を解体する者や肉を各部位ごとにわける者、脂を煮出す者、塩に漬ける者、それを倉庫に運ぶ者などがいて、たくさんの数の人が必要だった。しかも、１日に鯨が３、４頭も捕れようものなら、もうてんやわんやの大騒ぎになるわけである。

出漁する生月壱部浦（長崎）の鯨組／『勇魚取絵詞』

生月御崎沖で背美鯨を捕る鯨組／『勇魚取絵詞』

湊の納屋場で背美鯨を切解する／『勇魚取絵詞』

鯨が上ったあとも、独特の知恵が生かされていた。解体された鯨の肉は腐らないよう、まず塩に漬けられた。しかし、そのままだと塩分によって肉の水分が出てしまい、パサパサになってしまう。これを防ぐために日本人は何を利用したか。稲藁《いなわら》である。捕れた鯨は、その土地ではすぐに食べることができるが、遠い大消費地に輸送するために「荒巻《あらまき》」という方法が考えられた。塩蔵した肉を稲藁でつくった粗い筵（むしろ）で巻けば、このむしろが水分を適度に保ってくれるため、鯨の肉はほどよい状態のまま目的地に送ることができた。新年の贈答品の定番である「新巻鮭」も、その元の名は「荒巻鮭」で、鯨の保存法からきている。

塩漬けした鯨肉を稲藁のむしろで巻き、最後に上から塩の水をかけて、全体を湿《しめ》らせておくと何か月も保存できたが、そもそもこの技術は、日本に稲作文化があったことの恩恵なのである。食文化の面から見て、日本人と鯨と米は切り離せないセットといえるだろう。

鯨の恵み

究極の食材であり、優れた薬でもある

【健康効果】特殊なアミノ酸「バレニン」は、筋力持久や疲労予防に効果バツグンの貴重成分

醤油と味噌が肉をいっそう旨くする

鯨食は、米食とも大きく結びついてきた。米には味噌漬けや醤油漬けなどのしょっぱい食品が合う。極端なことをいうと、鯨の味噌漬けや醤油漬けとパンを一緒に食べても、あまり旨くはないだろうし、蕎麦や饂飩とともに食べるのも無理がある。やはり鯨はご飯のおかずとしてが、いちばんなのである。

また、ご飯には味噌汁がつきものだが、昔は鯨の皮の脂肪（本皮）が入った鯨汁が、日本の各地でよく食べられていた。この鯨汁とご飯がまた、ことのほか合うのである。そういう意味でも、日本人の食卓は鯨の食文化が繁栄する土壌をもっていたといえるだろう。

さらには、私の専門である発酵学や食文化から見ても、美味しい食べ方として醤油や味噌にもっとも合うのが鯨肉なのだ。

醤油や味噌の美味しさは、グルタミン酸のうま味によるものである。醤油が美味いのも、味噌が美味いのも、大豆のタンパク質を構成している大量のグルタミン酸が、発酵によって遊離してきたためで、日本人はグルタミン酸のうま味に対応する舌をもっているといっていい。

いっぽう、鯨肉のうま味はイノシン酸によるものだ。獣肉も魚介類もイノシン酸が多いが、鯨肉はこれが豊富である。醤油や味噌のグルタミン酸と鯨のイノシン酸が出合うと、うま味はなんと7倍になるのだ。

すなわち、グルタミン酸1とイノシン酸1をたすと2ではなく、相乗作用が起きて7になる。そのくらい、グルタミン酸の味を美味しく引き立てるのがイノシン酸なのだ。だから、イノシン酸の多い鰹節に醤油をかけるだけでも、あんなに旨くなるのである。

とにかく大昔から、日本人は醤油や味噌味で鯨を食べていたことで、その「旨さ」をもっとも知る民族になったのである。

鯨は旨い、なぜこんなに旨いのか。それは、鯨にはタンパク質がひじょうに多いからだ。グルタミン酸もタンパク質を構成するアミノ酸のひとつ。口中で嚙まれることによって、唾液の中のタンパク質分解酵素プロテアーゼが鯨のタンパク質を分解し、アミノ酸にする。そのアミノ酸がうま味になるから、タンパク質が多いと旨くなるのである。

鯨にはタンパク質がどのくらい多いのかを他の食肉と比べてみると、１００g当たりの含有量は牛肉の赤身で17〜18g、豚肉の22〜23gに対し、鯨肉の赤身は24〜25gである。尾の身でも23gと豊富だ。とにかく現在、人が食べる動物性タンパク質の中では、鯨がもっとも、その含有量が高いといわれている。

アミノ酸は、すべての生命体の活力源になるわけだから、ただ旨いだけでなく、鯨を食べると活力が出るのだ。敗戦国の日本人が驚くべきパワーを発揮して、瞬く間に焦土を先進国に立て直した背景に、鯨肉の存在があったことを忘れてはなるまい。

よく鯨肉の塊を解凍して置いておくと、身から真っ赤な液体が出てくるが、これは血液ではなく、ドリップといって液体のタンパク質である。

つまり、うま味成分なので、プロはそのドリップを取っておいて、鯨肉を調理するときフライパンにこれも入れる。するとペースト状になり、そこへ醤油を垂らして食べると、これがひじょうに旨い。うま味がぎっしり詰まっている証拠である。

アルツハイマー病に著効の成分を発見

さらに、鯨の肉で特筆すべきものに「バレニン」という成分がある。このバレニンは鯨のアミノ酸の中にとくに多く含まれる成分で、近年、ひじょうに注目されている。

鯨は季節によって、餌場となる南氷洋と、繁殖期にすごす赤道近海とを移動する。繁殖海域から約５０００〜６０００㎞も離れた餌場にもどるときは、途中ほとんど餌をとらず絶食状態で子どもに母乳を与え、休むことなく長い長い旅をするのである。

いったい何が、それほど鯨にパワーを与えているのか、鯨類研究者にとっては長いこと大疑問であった。その秘密が、バレニンという特殊なアミノ酸だったのである。

そこで、バレニンを使って、人体のさまざまなスタミナ実験がおこなわれた。その結果、摂取した人は疲労が少なく、また筋肉の運動量も多いことがわかった。バレニンは、筋力の持久や疲労予防に大いに効果のある成分だったのである。

鯨は、このバレニンを体内に大量にもっている。バレニンは、牛肉で１００g中に２㎎以内、豚肉で48㎎以内だが、長須《ながす》鯨の肉には１４６６㎎、ミンク鯨の肉にいたっては１８７４㎎も含まれているのである。鯨の驚異的な生命力の秘密は、このバレニンにあったわけだ。

ところでその後、鯨の体から新たに驚嘆すべき成分が見つかり、注目されている。発見したのは東北大学のグループで、その名を「プラズマローゲン」という機能性成分である。

効能は、神経細胞死抑制作用、抗酸化、多価不飽和脂肪酸の貯蔵細胞内シグナル前駆体の活性膜流動性の調節作用である。

わかりやすくいうと、つねに細胞を若返らせ、がん発生の因《もと》となる活性酵素の破壊、脳細胞死の抑制、動脈硬化の抑制などの機能があり、とくにアルツハイマー病の予防と治療には著効を示す成分であるという。現在、さらに研究が進められ、実用化も考えられている。

プラズマローゲンは鯨の大脳《だいのう》皮《ひ》質《しつ》、大脳髄質《ずいしつ》、小脳皮質、小脳髄質、延髄《えんずい》、肝臓などに存在し、これらの部位はこれまで鯨の未利用部位であったので、その点でも注目されている。

捨てるところがない鯨の賞味法

先に触れた江戸時代の『鯨肉調味方』という本には、鯨の肉身はもちろん、内臓や皮、乳房や子宮、目玉、陰茎などあらゆる部位の調理法が書かれている。その内容をいくつか紹介しておこう。昔から日本人が、鯨をいかに大切に賞味してきたかがわかり、また鯨肉に憧れていたかもわかるだろう。

「黒皮」というのは、黒い表皮に脂身を２㎝ほどつけて切ったもので、とても軟らかい。薄く切って生醤油や煎《い》り酒で食べると美味しい。煮ものにしたり、牛蒡《ごぼう》と一緒に煮ても旨い。

「サヤ」とは舌のことで（いまでいう「サエズリ」）、野菜とともに鍋焼きにしてよし、あるいは、熱湯をくぐらせて三杯酢にするもよし。塩漬けにしたものは薄く切って水にさらす。酢を使うというのは、脂の多い舌の食べ方としては、とても上手だと思う。

「テイラ」という尾の身の肉は、塩漬けにしたもの（塩鯨）を細く糸切りにして、何回も水で洗って塩分を抜き、牛蒡や茸《きのこ》類と一緒に煮込む。

「小髭《こひげ》」は歯茎のことで、味がひじょうに淡泊である。薄く切って醤油で食べるか、煎り酒をつけて焼いて食べる。

「デンズル」。これは顎《あご》の肉のことで、とても硬い。塩漬けにしたデンズルを薄く切って水にさらし、塩を抜いてから、さらに熱湯をかけて酢ぬたで食べる。

「フキワタ」。これは肺臓のことで、鍋で焼いて食べる。なんと昔の人は肺まで食べたのである。鯨の肺臓はひじょうに大きく、食べごたえは十分であった。タンパク質主体なのだが、とてもふわふわした食感をもっている。

「ウス」。これは心臓のことで、天麩羅にして食べる。

「丁字《ちょうじ》」。胃袋のことで、揚げものや水炊きで食べる。

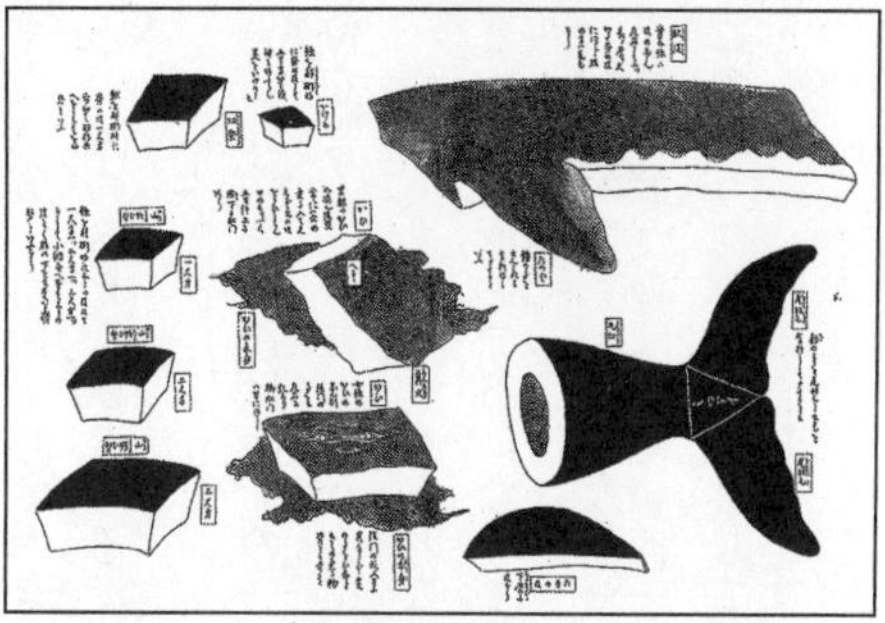

部位ごとに分けられた背美鯨／『勇魚取絵詞』

「蕪骨《かぶらぼね》」。頭骨にある髄のことで、粕漬けや味噌漬けにして食べる。

「百尋《ひゃくひろ》」。小腸のことで、鍋焼きや湯で煮て、醤油か煎り酒、または三杯酢で食べる。

「小便袋」。膀胱のことで、「生では食べず、浅薄なれど下品なり」とされているが、水煮にして醤油をつけて食べた。

「オオワタ」。大腸のことで、汚物が入っていて下品であるものの、食べられないことはなく、よく洗って、澄まし汁や煎り焼きで食べる。

「豆腸」。腎臓である。これは揚げ物にして食べる。

「タケリ」。陰茎のことで、揚げ物にして食べる。

または寒い冬に干しておき、腹痛のときに削って味噌汁に入れて食べると腹痛が治まる。腰の冷えもよくなる。

これらの記述はほんの一部だが、まったく驚くばかりだ。江戸時代から鯨の肉の部位をよく知っているうえに、部位ごとに上手に食べる方法を指南しているのである。

ただ、あまり食べられなかったのが肝臓と膵臓。そこはどうしたのかというと、ほとんどが薬の原料になっていた。肝臓は、おもに貧血の病に使われ、婦人病にもよく使われた。

抹香《まっこう》鯨からは「竜涎香《りゅうぜんこう》」という、たいへん高価な天然の香料まで採れ、珍重された。

このように鯨は食材としてだけでなく、薬や香料としても使われていたのだ。

刺し身

どんな国も真似できない大胆で繊細な食

【美味賞嘆】新鮮さは当然のこと、醤油との相性、美しい切り口、粋な盛りつけは、食す芸術

日本人は世界有数の魚食民族である。それは、四方を暖流と寒流が交差する海に囲まれた島国なので、昔から魚介類が豊富であったことと、その食の歴史の中で、長く獣肉を忌《い》む風習があったため、動物性タンパク質源を魚介類に求めたためだ。

魚のあつかいに慣れた日本人は、当然のこと、さまざまな魚料理を編みだしたが、なかでも、他の国の人々が到底まねのできないほど大胆で粋な料理といえば、生のまま食べてしまう「刺し身」であろう。

魚肉を生で食べる場合、昔はすべて鱠《なます》（生魚の肉を細かに切り、酢で和えて食べる）であったが、醤油が発達してきた室町時代ごろから、刺し身が登場した。

当時は「指身」「指味」「差味」「刺躬」などと書いたが、その語源についてはさまざま。生の魚を食べる際、調理した魚の鰭《ひれ》をその切り身に刺しておいたからだとか、「切り身」という言葉を忌んで「刺し身」と言い換えた……などとある。

江戸時代初期の『料理物語』によると、魚のほかに雉、雁、鴨などの鳥類や、すっぽん、筍、松露《しょうろ》なども刺し身にされたが、当時は醤油をつけて食べることはあまりなく、煎り酒（酒を鍋に入れて煮つめて濃くし、これに梅干し、塩、鰹節、酢で調味したもの）や、生姜酢、辛子酢、山葵《わさび》酢、酢味噌などが用いられていた。

室町時代の応永六年（１３９９）の『鈴鹿家記』に「鯉の指身に煎酒と山葵」という記事があり、これが文献にみる刺し身のもっとも古い例とされ、市中に出まわり、町人が買って食べ、「居酒致し処」で出されるなど、今日のように一般に普及したのは江戸中期ころだ。

世の中で醤油が一般的となったのは、それから２００年もあと、関東醤油（野田、銚子）が台頭してきた、江戸時代の元和や寛永年間（１６００年代）以降である。

すべての新鮮な食べものは、加工するほど栄養素を失うのは常識だから、刺し身はまさに、もっとも理想的な栄養食法といえる。また、生は調理したものより消化がよいとされ、ある研究では焼いた１００gの鯛は、消化するのに3時間15分を要したが、刺し身ならば2時間少々で消化したという報告もある。

だが、刺し身は生食であるから、新鮮さが第一だ。いや、新鮮だからこそ生で食べられるのであって、それが美味しくて、栄養が高く、料理も簡単だとくれば、活きのいい魚が手に入ったらまず、刺し身にするのは当たり前。だから、新鮮な材料が手に入りやすい日本では、まず、この刺し身をもって料理の基準とする。

はじめて入った料理屋の品定めに、刺し身と吸い物を試食すれば、その店の程度と板前の腕がおおよそわかるというのも、刺し身の旨さは材料の新鮮さと、魚のおろし方で決まるからだ。

日本人が刺し身を好んで食べるのは、第一に、新鮮な魚が手に入りやすいこと。近海ものは夜、沖に出て漁をし、朝には市場に揚がり、昼前には魚屋の店頭にならぶ。

第二は、醤油の存在で、これほど刺し身に合った調味料はほかに見当たらない。

第三には、俎板や包丁など、刺し身をつくる道具に長けたこと。出刃で身をおろし、柳刃や蛸引きでこれを切る。刺し身の美しく、そして鋭利な切り口はうま味まで左右してしまう。

第四は、箸の使用。刺し身の味は繊細であるから、食べるのにも巧みな箸さばきは旨さをかき立てる。ナイフとフォークで刺し身を食べることを想像しただけでもうんざりだ。

第五は、なんといっても日本人がもっている食べものへの粋さ。おろされて盛られた、活きで威勢のよい姿や、刺し身の切り口の鋭さなどに、粋な意気を感じるのである。

その粋さはまた、さまざまのつくり方を生む。皮づくりに軽く熱湯をかけて湯びきし、さっと火にあぶっての焼霜づくり。鯉や鱸《すずき》は、冷水にさらしての洗い。烏賊《いか》や細魚の糸づくり。河豚《ふぐ》や鮃《ひらめ》の薄づくりなど。

日本に滞在したことはあるが、刺し身とはそれほど縁のないフランスの著名な作家エドモン・ド・ゴンクール（1822〜96）でさえ「魚の好きな人は、すべて繊細な好みをもっている」と書き残している。

貝

牡蠣の養殖は、すでに江戸時代から

【健康効果】活力源となるタウリンが豊富。必須アミノ酸をはじめ、人体に必要な成分が多い

日本人が食べてきた食材は千数百種といわれるが、その中でも貝類の占める割合は桁《けた》はずれに多く、日本人は、世界一多種類の貝類を、もっとも大量に食している民族である。

二枚貝類では、蜆《しじみ》、蛤《はまぐり》、浅蜊《あさり》、ばか貝、とり貝、赤貝、あこや貝、牡蠣《かき》、あげまき貝、つきひ貝、マテ貝、イ貝、からす貝、帆立貝、イタヤ貝など約１３０余種。

巻貝では鮑《あわび》、とこぶし、栄螺《さざえ》、田螺《たにし》、アマ貝、夜光貝、バイ貝、ミクリ貝、テングニシなど約１７０種。ざっと数えただけでも、約３００種類もの貝類を食べてきた国民なのだから、まさに驚きである。

大昔、貝のもつ変化の美しさが人の心をひきつけて、それが装飾品となり、原始貨幣の役割を果たしたから、財貨に関係した財、賃、費、貴、貿、貨、貯、購など、多くの字には貝の字がつく。

貝によって、いろいろな物質を手にすることができたので、「貝が化ける」の意で「貨」。貝は昔から、私たちの生活と切っても切れない関係にあったことがよくわかる。

　このように、貝類は昔から多量に食べられてきたが、日本人の貝食いの特徴は、食料としての貝でありながら、ときには縁起ものとしての貝、そして、またあるときは滋養としての薬食いなど、貝の種類によって、うまく使いわける知恵を組み入れながら大切に珍重してきた。

　その食し方もきわめて多彩である。鮑、赤貝、帆立、とり貝、ミルクイ（本みる貝）、たいらぎ、ばか貝のように、すし種として生食する法、あるいは蛤や栄螺《さざえ》のように焼いて食する法、蜆、浅蜊のように、味噌汁や吸い物にする法。

　さらに、酢のもの、和えもの、鍋もの。そして佃煮にしたり、乾物として保存食にしたりと、その食法にきりがないのも日本ならではだ。

　鮑は昔から、神祭の供物とされたり、武士の出陣帰陣の吉例として出されたりするほど縁起もので、今日の熨斗《のし》の起こりもこの鮑なのである。全国各地には鮑を祭る神社が数多くあり、貴重な貝を食しながらも、その貝への尊さと感謝を忘れぬ心も、日本人は昔から後世に伝えてきた。

　ところで、日本人の貝食史から見れば、なんといっても特筆すべきは牡蠣の養殖をすでに江戸時代に始めていたことにある。延宝年間（1673〜81）に安芸国（広島）でおこなわれたもので、篊《ひび》、粗朶《そだ》、松材、石材などを海中で組み合わせ、そこに子貝を殖えつけたものである。以後、江戸時代は牡蠣料理が、さまざまに展開されるようになった。

また昔からわが国では、貝を薬にもした。江戸時代の『和漢三才図絵』に「田螺《たにし》を煮て食すれば大小便を通じ、浮腫を治し、搗爛《とうらん》せしものは臍《へそ》に貼じてまた佳《よし》。汁を取りて痔瘡《じそう》脇臭《きょうしゅう》に塗り、焼研《やげん》して瘰癧癬瘡《るいれきせんそう》を治する」とある。

また別の江戸古文書には「田螺よく小腹《しょうふく》気通熱《きつうねつ》を解し、脚気《かっけ》衝逆《しょうぎゃく》浮腫《ふしょう》を治する」ともある。

蛤売り／『七十一番職人歌合』

田螺のほかに、浅蜊、蜆、蛤、牡蠣なども、昔から疲労や酒で弱った肝臓に効き目があり、その食をすすめる古文書も多い。最近の研究では、その先達者たちの養生訓話が栄養学的に正しいものであることも、次々に証明されている。

たとえば、貝類には共通してタウリン、ベタイン、グリコーゲンなどの活力源が多く、必須アミノ酸を多含し、ビタミンもA、B_1、B_2、B_6、B_{12}、C、D、H、コリン、イノシトール、葉酸などが含まれる。

ミネラル（無機質）では、カルシウム、カリウム、マグネシウム、鉄分、ヨード、亜鉛、銅、コバルトなど、人間の体が必要とするほとんどすべての成分が含まれているという。昔の人たちが体験で知ったとはいえ、貝類の栄養素に目をつけ、これを大切に食していた知恵は相当のものである。

魚卵

噛めば口中で弾ける子孫繁栄の縁起食

【美味賞嘆】卵うるか、からすみ、くちこ…どれも日本人の知恵が結実した、とっておき珍味

世界一の魚食民族である日本人は、魚の卵を巧みに利用する知恵をもっている。この魚卵食文化は江戸時代に確立され、大いに発展してきた。

まず、鮭の卵を塩蔵したものに「筋子《すじこ》」がある。塩引き鮭（そのころの鮭は、産卵までにまだ少し時間があるので、川にのぼる前に、河口やその近くの海で回遊しているものを捕獲したものが多い）を製造するとき、腹を割《さ》いて卵嚢《らんのう》のまま摘出し、塩蔵したものである。

江戸時代の寛文九年（１６６９）の『津軽一統誌』には「干しからさけ」「塩干しさけ」として、塩ざけが紹介されているから、筋子も、そのころにはつくられていたとみてよい。

いっぽう、川にのぼった産卵期近くの鮭から、手で絞り出して粒状の魚卵としたのが「イクラ」である。ロシア人が、キャビアの代用品としてつくったものが、明治時

代中期に日本に輸入されてきたもので、そのため、このようなロシア語がついている。

日本では、古くからこのイクラのことを「鮭の鮞《はららご》」と呼び、これも筋子と同様、昔から日本人が賞味してきた魚卵塩蔵品である。保存のために、ちょうどよい塩加減に塩蔵してあるから、そのまま飯のおかずにしたり、味醂《みりん》醤油に漬け直したり、椀種《わんだね》にしたり、飯に炊き込んだりして、珍重してきた。

「数の子」は、鰊《にしん》の胎卵を乾燥するか、塩漬けにしたものである。鰊から卵巣を取り出し、海水を満たした容器で一昼夜浸《ひた》した後、形を崩さぬようにすくい上げる。これを簀《す》の子にひろげ、淡水をそそいで汚物を洗い去り、水切りして塩蔵し、1週間ほどしてから乾燥する。

鰊が多くとれたときには、飢饉《ききん》の際の救助用に蓄えたり、タンパク質やビタミンが豊富なところから、滋養強壮食にしたりして、日本人に重宝されてきた。卵の数が多いから、子孫繁栄の縁起ものとして、新年の献立に欠くべからざるものとされている。日本の料理や食べものには、口当たりの軟らかいものが多い中で、数の子は卵膜特有の硬さを上手に生かして、噛むと、心を弾ませてくれるような破裂音が、口いっぱいにひろがる。こうした魚卵は、日本料理の中では、異色の食材ということができる。

介党鱈《すけとうだら》（めんたい）の卵も、塩蔵品として加工され、多量に食べられている。一般に「たらこ」といえば、この介党鱈の卵のことで、その塩蔵品の代表が、もみじ子や唐辛子をからめた「辛し明太子」である。

魚卵を材料とした食べものの中で、知恵と工夫が織り込められているのは、「塩辛」の類であろう。腸《わた》や、その他の臓器にあるタンパク質分解酵素をじつに巧みに使って、魚卵を塩とともに漬け込み、熟《な》れ味をもたせたこの嗜好物は、まさに傑作のひとつである。

鯛の子塩辛（鯛、鮃《ひらめ》、介党鱈などの卵を混合して塩漬けし、麹を加えたもの）、卵うるか（鮎の腸とともに卵を塩漬けしたもの）、がぜ（雲丹《うに》の卵巣の塩辛）など、全国にはこの手の珍味がひろく分布している。いずれも、保存食として長く保つことができ、その特有の風味は、上戸《じょうご》下戸《げこ》の差別なく、飯のおかずにも重宝されてきた。

鯔《ぼら》の卵巣の塩蔵品を真水で塩抜きし、圧しながら干し固めたものは「からすみ」である。からすみの原形は、古く中国にあるといわれ、できあがった形が、ちょうど唐の墨に似ていることから、この名がついた。

日本人が鯔の卵を原料にして、いまの形をつくったのは、江戸時代の延宝三年（１６７５）といわれている。元禄時代の『本朝食鑑《ほんちょうしょくかん》』（１６９７年）に、その製造法が詳しく述べられているから、歴史は古い。

このからすみに、たいへんよく似たものが、南フランスのプロバンス地方にあるブータルグ（鯔の卵巣の塩漬け乾燥品）だが、洋の東西を問わず、互いに大型の鯔の卵巣に目をつけ、それを保存できる珍味につくり変えた知恵の偶然の一致には、感心させられる。

だが、奇妙な海鼠《なまこ》の卵巣にまで手をのばし、そこから名品「くちこ」（このこ）をつくりあげた日本人のほうが、魚卵の食法にかけては数段上である。

早鮨

握り鮨は、せっかちな江戸っ子を喜ばせた

【健康効果】認知症を予防するEPA、DHAが豊富。ビタミン類も高活性のまま取り込める

酢飯で「鱒のすし」をつくった武士

「すし」は、主食を粒状で食べている粒食民族・日本人の代表的な嗜好食品である。このすしの字には「鮓」と「鮨」とが当てられているが、街で見る「寿司」の字は、縁起をかついだあて字である。

この両者の使いわけは昔から明瞭でなく、『和名鈔《わみょうしょう》』（９３１〜９３８）には「鮨」、ほぼ同じ平安時代の『延喜式《えんぎしき》』には「鮓」と出ている。有力な説では、鮓は魚と米とでつくった熟鮓《なれずし》（馴鮓とも書く）のことで、鮨のほうは魚と塩とでつくった塩辛（ないし魚醤《ぎょしょう》）のことだという。

すでに述べたように、熟鮓はたいへんに古い時代からの伝承法によってつくられるもので、乳酸菌による乳酸発酵がおこなわれるから、飯に酢の添加は必要ない。熟鮓をつくるには、発酵と熟成をさせる必要があり、数か月という長い時間を費やすこと

になる。これに対して「早鮨」は、熟鮓に比べてすぐに食べることができる。

早鮨（当座鮨ともいう）の代表格のひとつは、江戸時代の享保二年、越中富山藩の武士・吉村新八が神通川で獲れた鱒《ます》を用い、酢飯を使ってつくったのが始まり。これが三代藩主・前田利興の気に入りとなった。

新八は藩主より「酢ずけ役」を任命され、入念につくらされたすしは、時の八代将軍吉宗に献上され、よろこばれた。富山名物の「鱒《ます》ずし」の誕生である。

鱒を三枚におろし、皮、骨などを取り除いた後、肉身を幅4～5㎝、厚さ3㎜ほどに切る。この薄切り肉に特上質の食塩を振りかけて2時間ほど放置した後、米酢に調味した漬け汁でよく洗っておく。いっぽう、酢飯は、精白米を硬めに炊くが、はじめから酢を加えて味つけして炊く場合と、炊いたあとに、酢を混ぜる場合がある。

つぎに、曲物《まげもの》の底に放射状に敷いた青笹の上に、酢洗いした鱒の切り身をすき間なく並べ、その上に冷やした酢飯を押さえながら詰め、底に敷いた笹を折りまげて蓋《ふた》をする。この曲物をいくつか重ねた後、15～20kgほどの重石をのせて、数時間、熟《な》れさせてできあがる。

この種の早鮨は、他にも多くある。京都の「鯖ずし」や「鮗《このしろ》ずし」、また全国各地に見られる「鮎《あゆ》の押しずし」「山女《やまめ》ずし」「小鯛《こだい》の笹ずし」「鮭《さけ》ずし」「小鯵《こあじ》の押しずし」など、一連の押しずしものである。これらは慶長年間（１６００年代はじめ）、上方で生まれた知恵の賜物《たまもの》である。

さて、早いものが好きな日本人は、この押しずしより、さらに早く食べられる鮨を次々に考えだした。酢飯にさまざまな具を体裁《ていさい》よく盛り、その上に海苔を焙《あぶ》りもみしてふりかける「五目ずし」（ちらしずし）。竹簀《たけす》の上で酢飯の芯に煮つけた干瓢《かんぴょう》やそぼろを置いて、海苔や卵焼きを巻く「巻きずし」。味つけして煮た油揚げに、酢飯や具入りの酢飯を詰めた「稲荷ずし」など、すしは、どんどん早鮨化の方向に人気を呼んで発展していった。

そしてついに、江戸末期の文政から天保にいたって、江戸前の握り鮨が普及する。目の前で、酢飯に新鮮な魚介をのせ、それをその場で食べてしまうのであるから、なんともスピーディーで、まことに粋な感覚の鮨が登場したわけである。

文政七年（１８２４）の記録によると、江戸八百八町といわれた中で、各町内に１～２軒の握り鮨屋があ

早鮨の浮世絵／歌川広重（江戸後期）

ったといわれるほど。その中には両国の「与兵衛ずし」や深川安宅の「松のすし」といった、贅沢《ぜいたく》で高級なすしを売る店も少なからずあったようで、天保改革の際には、そのような贅沢すし屋２００人余りが手鎖《てぐさり》に処せられたとある。以後は、小肌《こはだ》や蛸《たこ》、蝦蛄《しゃこ》、穴子《あなご》といった安価な鮨種《だね》を使うようになり、ひろく庶民にも愛されるものとなった。

もっとも、すしでは歴史も伝統もはるかに先輩格の関西では、その後も押しずし、箱ずし、巻きずしといった、昔からのすしが中心のまま、今日に伝わっている。

早鮨はこうして日本人を魅了した

ところで、日本人が「熟鮓」よりも「早鮨」を大好物としたのには、いくつかの理にかなった特色と知恵がある。

その第一は、熟鮓では食べるまでに時間がかかりすぎる欠点を、早鮨では解決してくれたこと。第二に、熟鮓には特有の強烈な匂いがあって、これを敬遠する日本人はけっこう多いが、早鮨には、この嗜好性の問題がないこと。そして第三は、早鮨はつねに新鮮な魚介や食材を、野趣あるままに味わうことができること。

第四には、すしはすしでも熟鮓はどちらかというと、惣菜的であるのに対し、早鮨は主食的であること。第五に、早鮨は味の点ばかりでなく、盛りつけや色合い、巻き方などの工夫で、視覚からの美味感をも引き立たせることができること。

そして、なんといっても早鮨には、家族全員が一体となって楽しめる利点がある。

さて、握り鮨の保健的効用だが、新鮮な魚介を生のまま酢飯とともに食べるという点で、まず食欲がわいてきて、唾液の分泌もよくなり、消化吸収はたいへんよい。さらに、山葵《わさび》は不可欠の香辛料だが、これはただ辛味をつけるだけでなく、殺菌作用をもつほか、食欲増進や健胃作用にも優れた根菜である。

屋台の鮨屋／『絵本江戸爵』喜多川歌麿

また、最近の鮨種を見ていると、新鮮さばかりでなく美味なものが多くなった。かつて鮪《まぐろ》などは赤身中心であったのが、今日では中トロや大トロが人気。真鯛、天然の鮃や鰈《かれい》とその縁側《えんがわ》、しま鯛なども旨い。そして大衆魚といわれた鰺や鯖も、産地名をブランド化して、じつに美味なものが食べられるようになった。

そのような鮨種はたいそう高いので、勘定のときびっくりして体に悪いかもしれないが。しかし、これらの脂肪は健康機能性を有する脂肪酸で構成されているのだ。

魚の脂肪は、常温や低温でも牛肉や豚肉といった獣肉脂肪のように白く固まらないで、ドロッとした液状をしているのだが、それは脂肪を構成する脂肪酸が、獣肉は飽和脂肪酸主体であるのに、魚では不飽和脂肪酸であるため。

その不飽和脂肪酸の中で、注目すべきなのがエイコサペンタエン酸（ＥＰＡ）やドコサヘキサエン酸（ＤＨＡ）といった成分群である。研究の結果、これらの不飽和脂肪酸には、脳の働きをよくする作用や認知症の予防、視力強化、抗アレルギー、体内に蓄積している老化物質の排除、動脈や毛細血管の強化など、すばらしい効果が次々と報告されたのである。

また、魚介類には各種のビタミンがひじょうに多く含まれていて、とくに畜肉類にはほとんど含有されていないビタミンＡ、Ｄのほか、ビタミンＥなど機能性のあるビタミンを多く含む点に特徴がある。ほかにビタミンB_1、B_2、B_6、B_{12}なども多く、しかも、それらのビタミン類は生で食べられるために活性が失われることなく体内に入っていくので効果は大きい。

暖簾《のれん》を手でかき分けたとたん、「らっしゃい！」という威勢のよい声。酢飯の匂いが鼻をくすぐる。ああ、新鮮な魚が食べられるなあという幸せな気分。そういう心になれることも、体のためには、まことによいことである。

海藻

浅草海苔は、なぜ海から遠い「浅草」なのか

【健康効果】若芽に含まれるセルロースは肥満予防、アルギン酸は血圧の抑制に効果を発揮

色を楽しみ、香を食い、淡味を味わう

日本列島周辺の海は、「海藻」が育つのにもっとも適した地形と海流があるため、さまざまな海藻に恵まれていることでは世界一だ。

四方を海に囲まれた島国日本に居を構えた知恵者たちは、その海藻に目をつけないはずはなく、海藻の用途がひろいことを知ってからは、長い歴史の中で薬用、肥料、租税、食用にと、これを飽きることなく利用し続けてきた。

『万葉集』に、海藻を焼いて塩をとる風景を詠《うた》ったものがいくつかあるように、人間が生きていくために不可欠の食料である塩の供給も、大昔は海藻からであった。

ほんだわら、あじもなどの藻類を浜に積み、これにいく度も海水をそそいでは乾燥させ、それを焼いて塩灰をつくった。

その灰（ケルプ）の中には、塩のほかにカリウム、ナトリウム、マグネシウム、ヨ

ウ素などが豊富に存在しているから、農業（肥料）、工業（糊材）、医薬用（無機物）、食用としてさまざまな方面に利用されてきた。

しかし、その中心はなんといっても食用である。大宝元年（701）に制定された律令《りつりょう》にさえ、紫菜《むらさきのり》、海松《みる》、滑海藻《あらめ》などが賦役令《ぷやくりょう》（税として納める物品）に記されていた。また、東大寺正倉院文書（740年）にも、若滑海藻《わかめ》、鹿角菜《つのまた》など多数の海藻が登場しており、さらに万葉仮名にも、海藻の表現が多いことからみて、当時は食用として、かなり重宝されていたようだ。

日本の海でとれる海藻のうち、食用種は70を数える。昆布《こんぶ》、若芽《わかめ》、荒布《あらめ》、布海苔《ふのり》、とさかのり、えごのり、もずく、あおさ、みる、ほんだわら、めかぶ、うみぞうめん、あまのり、ひとえぐさ、まつも、もじき等々。そして、これらの海藻を利用して酢のもの、佃煮、汁もの、だし、刺し身のつま、ふりかけ、乾のり、菓子、すし、寒天、心太《ところてん》と、食され方も多彩である。

宮下章氏はその著『海藻』（法政大学出版局）の中で「トコロテンのように、外国から伝来したとみられるものもあるが、日本の海藻の調理法は、そのほとんどが日本独自の工夫であり、神代に流れを発し、古代に発展し、中、近世に完成された。色を楽しみ、香を食い、そしてあっさりした淡味を深く味わう、という日本料理の特徴を生かすには、三拍子そろった海藻がひじょうに適している」と述べている。まさしく、海藻王国を象徴する一節だ。

江戸市中日本橋の魚河岸には、海苔《のり》を中心とした海藻製品をあつかう専門店がたくさんあった。そのような店は、海苔専門か乾物の海藻をあつかうかに分かれていて、後者は昆布、若芽《わかめ》、もずく、みる、ひじき、寒天、海燕《うみつばめ》の巣《す》などの乾燥製品を取りあつかっていた。

当時の魚河岸で取引きされていた海藻は次のようである。昆布、若芽、荒和布《あらめ》、さがらめ、青海苔《あおのり》、もずく、かじめ、とさかのり、甘海苔《あまのり》、浅草海苔、かたのり、みる、しょうがのひぼ、のろのり、ふじのり、ひじき、ほんだわら、心太、寒天、えんす、相良布《さがらめ》など。

また、海藻料理について詳しく紹介したものに『年中番菜録』や『料理物語』、『素人庖丁』などがある。

海苔と米の取り合わせこそ和の食文化

他国に例をみない海藻文化を築いた、日本人の知恵の一端を示す好例に、海藻の加工や保存法がある。たとえば寒天は、長期にわたり保存でき、湯にとかすだけで、さまざまな食べものに加工できる。こうした食品を発明した知恵には、感心させられる。

また、若芽の保存法のひとつに灰乾法があるが、これも理にかなったものである。若芽に木灰をまぶしてから乾燥し、灰と塩分を洗った後、ふたたび乾燥してから木灰を加えて製品とするが、木灰のアルカリ性は、雑菌の侵入を阻止して保存性を高める。

そして、若芽特有の緑色（クロロフィル）を、木灰の成分はいっそう鮮やかな緑の色素であるクロロフィリンに変化させ、その美しさを食卓に映えさせてくれる。このような知恵の積み重ねが、海藻文化を形成し、ひいては日本の食文化の発展につながったのである。

浅草海苔づくり／『江戸名所図会』長谷川雪旦

海苔は、海岸の浅いところで生じ、簡単に採集できるから、太古の昔から採って食べてきたことは当然であるが、約一〇〇〇年前の『常陸国《ひたちのくに》風土記』には「常陸国の海苔浜で紫菜を干していた」と記述されているから、いまの干し海苔の型は、そうとう古い時代から保存食のひとつとして、すでにつくられていたようである。

海苔の匂いと味は、米とよく合う。朝飯の海苔と卵、海苔のおむすび、海苔巻き、すし、海苔のせんべい、親子丼の上の海苔などは、いずれも海苔と米とのとり合わせでできる食欲香だ。そして、海苔の匂いはたしかに日本的であって、そこには和食文化の香りを奥深く漂わせる泉がある。だから、海苔を題材としては詩歌の多くには、その匂いを表現したものが多い。

江戸のざれ歌に「品川のそだにからんだ青のりさえも色も香もある好いた同士なら焼きもする」などという、シャレたものもある。

なお、もっとも有名な浅草海苔について、これが品川や大森海岸で採れるものでありながら、なぜ、そのような名がついたのか。いきさつや東京湾での海苔の歴史を明治時代の書『大日本物産詳解』は詳しく語っていて貴重なので記しておこう。

――浅草海苔は、徳川幕府の時代より江戸の名産となり、その採取の地は品川、大森等の海中なれども、なお浅草の名を用ふるものは、昔は現今の浅草区および日本橋区なども率《おおむ》ね潮水往来の洲渚にして、浅草観音あたり水中には海苔を生ずるものあり。

水辺の漁農家において、その海苔を採り乾製して販売せしより、浅草海苔と名づけたという。江戸の規模しだいに拡張するにともない、慶長年中より洲渚を埋め水路を定め、護岸防波の法おおいに整ひしより隅田川の流れ直下して、佃島のあたりに至り海に注ぐこととなり。

これより干潮浅草の岸を洗ふことを得す、海苔の産は品川以南に移れども、その名は依然として浅草を唱へ、今に至るまで変ずることなし。粗朶《そだ》を樹てて海苔を養ひしは貞享、元禄の比より始まるといふ。初め品川の海濱に牡蠣を養ふために、その垣に木を用ひたりしがえに、海苔附着するをみて始めて木を枝のままに海中に並列して繁殖を図り、その粗朶を呼で篊《ひび》といふ。

粗朶は率ね楢《なら》の木を用ひ、この木の本はおよそ一握の大さにして枝の上に向って叢《そう》生《せい》し、長さ六尺程なるを伐し、その葉をことごとく除き四、五本づつ揃へ、下より二尺ほどを縄もて堅く結び末を尖形となして、引潮の時深さおよそ二尺許《ばかり》なる砂地に並べ立つるを常とす。満潮の時に至れば、粗朶の梢《こずえ》がわずかに水上に見ゆるを適度となす。

品川より大森あたりの海面には区画ありて海苔田をなし、大小広狭、皆所有主ありて互に相犯《あいおか》すを得ず。年々歳々、粗朶を挿《はさ》むはまた農家の新秧《しんおう》を挿むに同じく、附着せる海苔は秋、実を結びたる稲を収むるに異なることなく、歳々浦々の財産となるものなり。

粗朶を立つるは秋の彼岸頃とす。十月に至り海苔はこれに附きはじめ、翌年三月頃までを採取の期節とす。寒中に採ると香味上品とし、東風ようやく暖なるに及びて海苔の色、清潤を失ひ香味も随《ずい》と劣等に属す——

干もの

日本橋の魚河岸には干もの屋がずらり

【美味賞嘆】うま味が凝縮した干ものは安くて栄養十分、一年じゅう出まわった庶民の味方

乾燥した食品類のうち、植物性のものは音読して「乾物《かんぶつ》」、魚類の場合は訓読して「干《ひ》もの」と呼ぶのが、ふつうのならいになっている。

干ものは、日本人がたいへん古い時代から重用してきた食べものである。干すことによって魚介類の水分を減少させると、微生物の繁殖が抑えられる（微生物が生育するためには一定量の水分が必要）から腐敗することがなく、長く保存できる。このため干ものは、じつに重宝な食品であった。

太古の昔、はじめて干ものをつくった民族は定かではないが、今日、干ものの種類や生産量、消費量の多さでは、わが民族の右に出る国はなく、まさに干もの王国・日本なのである。

古代日本では、ほとんどが素干《すぼ》し、または焼き干しであったが、平安時代に入り貴族の饗膳《きょうぜん》が発達するころには、多彩な削《けず》りもの（当時、干ものは削って食べるものが多

かった）が登場してくる。

たとえば、平安時代の『厨事類記《ちゅうじるいき》』には、削りものとして干鳥（乾塩雉）、干鯛（乾塩鯛）、楚割《すわやり》（乾塩鮭）、蒸鮑《むしあわび》（乾蒸鮑）、焼蛸（乾焼蛸）などが記述されている。また平安時代の『延喜式《えんぎしき》』には、「都の西の市には数軒の干魚専門店があった」と述べられている。

さて、日本人は例によって、この民族特有の優れた知恵を発揮し、さまざまな干ものを次から次へと考案してきた。今日、市場に出まわっている干ものを分類してみただけでも、素干し、煮干し、塩干し、焼き干し、調味干しなどとまことに多彩である。

素干しは塩を加えずに、そのまま乾燥させるものだから、干ものの中ではもっとも古い形のもので、するめ、細魚《さより》、身欠き鰊《にしん》、ごまめなど種類は多い。

塩干しは、干ものの中でももっとも一般的なもので、干ものといえば通常はこの類いをさす。塩を少しつけたり、塩水にくぐらせてから乾燥させるもので、鰯の丸干しや目刺し、鯵や鯖、秋刀魚、いとより、きんきなどの開きに人気が高い。

焼き干しは、どちらかというと淡水系の魚に多く、鮒、鮎、山女、うぐい、はぜ、公魚《わかさぎ》などを串に刺して焼き、乾燥したものである。調味干しには、いよいよ知恵が入ってくる。味醂にさまざまな調味をほどこした液に、下ごしらえ（内臓を除去した後、水にさらし、水切り後に背開きし、背骨を除去する）した魚をつけて味つけし、乾燥した後、つや出ししたもので、焼いて美味しく食べられる。

秋刀魚、かわはぎ、鰯、鯖などは味醂干しの格好の材料だが、これに白胡麻をまくのは、焼いた時の魚の生臭みを焼かれたときの胡麻の香ばしい匂いが隠してくれるからで、一段と風味をよくするための知恵である。こういう細かい気遣いが、味醂干しにまで配られているのは、日本ならではの加工法であってうれしいことである。

同じく調味干しの一種であるくさやの干ものは、傑作のひとつである。発酵した塩魚汁を、むろ鯵や飛魚に漬け込み、一種独特の匂いと奥の深い味をもたせた干ものだが、この風味は好事家《こうずか》を夢中にさせる。

しらすには、食塩水で煮熟《しゃじゅく》してから水切り後、放冷し、乾燥してしらす干し（ちりめん）とするほか、煮熟しないで水洗いしただけの生の原料を簾《すだれ》に干して、乾燥した畳鰯《たたみいわし》もある。

同じしらすでも、このようにまったく風味を異にするものを編みだしたが、海老の例でも素干し、煮干し、生むき干し、釜あげなどと、使う料理によって干し方に変化をもたせているのも、日本ならではの芸の細かさである。

とにかく干ものは、安くて栄養があり、一年じゅう豊富に出まわるから庶民の味方であった。江戸日本橋の魚河岸には鮮魚屋だけでなく干もの屋も軒を連ね、活気を帯びていた。また、江戸市中では、あちこちで七輪で干ものを焼く風景が展開されていて、皆が旨くて栄養のある干ものを頭からバリバリと食べて体力をつけていたのである。

佃煮

佃島の漁師の発明品が全国にひろまった理由

【健康効果】カルシウム、リン、マグネシウム、カリウム、ヨウ素などの補給に最適な保存食

徳川家康は、魚が大好物だった。江戸に入来したとき、江戸城および江戸市民の魚をまかなうために、摂津国（大阪府）の佃村の名主、孫右衛門以下数十人を、無名の小さな離れ島に連れてきて、漁業を興させた。

彼ら一族が中心の漁民は、かなり優れた漁の技術をもっていたうえ、獲った小魚の一匹をも無駄にしない加工法も心得ていた。

家康は、ここで獲れる白魚をことのほか喜んで賞味したため、この名もなき小さな島はしだいに有名となり、佃島と呼ばれるようになった。

佃島の漁師たちは、大きな生きのよい魚は将軍家をはじめ諸大名や武家屋敷に納めたが、小雑魚《ざこ》は自家用にして保存食品をつくった。

はじめは雑魚や貝類を塩で漬けたものであったが、それがしだいに醤油にかわり、さらに味醂、ざらめ糖なども加えて、特有の照りを出すようになると江戸名物の「佃

佃島沖の網漁／『東都富士見三十六景』歌川国芳

煮」となってひろまった。

材料は浅蜊、はぜ、昆布、海苔、白魚、公魚《わかさぎ》、あみ、小海老など。江戸から国に帰る大名や武士たちが、江戸土産として持ち帰るようになったのは、保存がきくためであり、そのおかげで、全国各地に佃煮がいきわたった。

佃煮には、いくつかの巧妙な知恵がある。その第一は、長く保存がきくこと。理由は醤油、砂糖、水飴などで濃い味に煮つめるため、佃煮の浸透圧が著しく高く、微生物の入る余地がないからである。

第二の知恵は、味がとても濃いから、たとえ少量でも十分に飯のおかずになること。温かいご飯の上にのせただけで、奥深い味がたっぷり楽しめるし、お茶漬けにもよく合うなど、早飯食いの日本人には大いに受けた。

そして第三は、佃煮の手法が材料をほとんど限定しないことで、獲れすぎの魚介は、ほとんど材料となるし、茸《きのこ》、牛肉、鯨肉、魚卵、海藻、山菜、そして蜂の子や蝗《いなご》のような昆虫までもが材料となる。蛤《はまぐり》は時雨煮《しぐれに》、鰹や鮪のさいころは角煮、蕗《ふき》はきゃら蕗などといった粋な名もあり、うれしがらせる。

そして、佃煮の面白い第四は、その土地の特産物をことごとく名物品に加工して、土産にしたててしまうことである。

ごりと胡桃の佃煮といえば金沢、はぜや小海老、海苔は東京、霞ケ浦には公魚や鮒の雀《すずめ》焼《や》き、山形の鯉、静岡は鰻で桑名は蛤、富山の蛍《ほたる》烏賊《いか》、神戸の牛肉、岡山の穴子、広島には昆布、海苔、小鯛などと、枚挙にいとまがない。

変わったところでは、信州の蜂の子、和歌山のうつぼ、静岡の海豚《いるか》などまである。およそ全国の都道府県で、佃煮に類する名物の土産品のないところは皆無といっていいだろう。まさに、日本列島は隅から隅までが佃煮王国なのである。

そして、佃煮の知恵の第五は、無機塩類の栄養補給にある。生鮮品に比べ、調理加工による栄養成分の損失は免れないが、リン、カルシウム、マグネシウム、カリウム、ヨウ素、鉄分など滋養成分の供給源として好適である。

大半の魚介などは丸ごと食べられるから、粗食であった日本の食卓にあって、妊婦や小児の大切な食べものとなり、重宝されてきたのである。

「昔から、食通間では、ごりの佃煮の茶漬けを、茶漬けの王者と称して珍重している。これさえ食べれば一躍、茶漬けの天下取りになれるわけであるから、篤志《とくし》の人はひとつ試みられるべきである」。佃煮の茶漬けは、食聖・北大路魯山人にさえ、こういわせている。

骨正月

魚のアラ煮、氷頭膾、酢憤、じぶ煮…

【健康効果】骨からはカルシウムやリン、髄からは微量栄養成分やコラーゲンが摂取できる

　松の内をすぎてしばらくすると、正月の諸材も大半を使いつくす。そこで台所の方《ほう》便《べん》として、骨までしゃぶるの意味の「骨正月」というのがあった。正月二〇日の恒例で、三代将軍・徳川家光の命日を憚《はばか》っての行事だという。ほとんど今日ではおこなわれなくなった、昔からの新年行事のひとつである。

　この日はまず、魚と鳥のアラを水から入れて、中火以下でゆっくり煮熟し、アラが軟らかになったところで、少々の塩と酒で調味して食べる。

ところで、日本には、骨を材料にした料理が、昔からずいぶん多い。その代表格が、鮭の頭の氷頭《ひず》料理。軟骨で、氷のように透きとおるからこの名がついた。薄く切って刻み、酢のものにしたのが氷頭鱠《なます》で、氷頭、人参、おろし大根、煮豆などを酢で仕上げたのが酢《す》憤《むつかり》。また頭をとろ火で煮込んだものは、鱠で食べるほか、さまざまな煮込み料理に珍重される。

昔は鮭の代用として鯨、鮫《さめ》、あかえいなどの軟骨も、このようにして食べられてきた。薩摩のつけ揚げ、四国の雑魚《じゃこ》の天麩羅なども、本来は魚肉を骨ごと叩いて油で揚げた叩揚げであり、つくねや摘入《つみいれ》も同様に骨ごとが本式である。

野鳥もそうである。鶫《つぐみ》や雉《きじ》も肉と骨とをよく叩いて丸め、これを煮たり、焼いたり、揚げたりして食べたが、なかでも、小鳥の肉骨の叩き団子を使ったじぶ煮やじぶ汁は、格別の野趣《やしゅ》をもっている。

骨を料理の材料とするのは、けっして日本人だけのことではなく、肉を食べる民族の共通した方法である。だが、日本人ほどその仕方に手間をかけ、そしてきめ細かく緻密な手法を織り込んだ、さまざまな調理法や料理をもっている民族は珍しい。たんに肉を骨ごと叩いて、そのまま加熱して食べるというものではなく、日本酒、醤油、味醂といった調味料を材料として、煮ても、揚げても、焼いても十分に満足できる味につくりかえてしまう。

この合理的な知恵の発想には、理にかなったいくつかの理由がある。まず、栄養的には骨から直接、カルシウムやリンなどを主体としたミネラル（無機物）の吸収。そして骨の髄《ずい》から、さまざまな微量栄養成分の供給がある。

また、髄から溶出してくるゼラチンやコラーゲンのようなタンパク質は、特有のうま味やコクを出すのに強力な役目を果たす。さらに、なんといっても微妙な骨の歯ごたえは、肉身の軟らかさにない独特の感覚を呼び、野趣をきわだたせるのに絶好な役割を演じてくれる。

だから日本には、さまざまな骨入り料理がある。

前述のほかに、豚骨を油で炒めてから焼酎で煮、それを味噌で炊き込む鹿児島の豚骨料理。鰹を骨ごと叩いて油で揚げ、別にこしらえた汁につけて食べる鰹料理。鯛の骨部を煮込んでだし汁をとり、これに炒り胡麻と焼き味噌を加えて濃い汁をつくり、温かいご飯のおかずにしたり、お茶漬けのもとにしたり。

また、鯨の軟骨の粕漬け、鮒や公魚《わかさぎ》の雀焼き、蟹のがん漬けなども骨入りといえよう。

家庭でも昔から、煮魚や焼き魚の骨を器に入れて熱湯をそそぎ、軽く塩か醤油で味つけした骨湯を飲めば健康によいといわれ食されてきた。また、焼いた鯛や甘鯛の骨を火にかけて焦がし、これに熱燗《あつかん》をそそいだ骨酒は、酒客にたいそう喜ばれた。

いまは食物の豊かな時代になって、骨は邪魔な存在におちぶれてしまった。しかし、どんな世の中になっても、骨のもつ独特の風味に変わりはない。この日本人好みの奥深い味の神髄を、たまには味わっておくことも、大切なことだと思えてならない。

四の膳

山の幸の恩恵

大根

咳止め、痰切り、解熱に重宝した民間薬

【健康効果】消化酵素が胃腸を整える。葉はビタミン類、カルシウム、リン、鉄など栄養満点

大根はアブラナ科に属する越年生草本だが、日本の大根のもっとも著しい特徴は、世界で最大型の品種であるという点である。原産地は中央アジアともコーカサス地方とも、またパレスチナともいわれるが、わが国での起源については定説がない。ただ『延喜式《えんぎしき》』には大根《おおね》と紹介されて、その栽培法や利用についてまで記述されていることから、そうとう古くから、すでに日本人のものとなっていたようだ。

大根はもともと、冷涼な風土を好むものであるにもかかわらず、日本では鹿児島にまで名物があるくらいであるから、よほど日本の土地に合った根菜といえるようで、世界では日本人が圧倒的に多く食用としている。

貝原益軒の『養生訓』には「大根は菜の中でいちばん上等である。いつも食べるがよい。葉のこわいところをとりのぞいて、やわらかい葉と根とを味噌でよく煮て食べる。脾を補って痰《たん》を去り、気を循環させる。大根の生の辛いのを食べると気がへる。

しかし食滞のあるときは少しぐらい食べても害はない」とある。

また『徒然草《つれづれぐさ》』第68段には、筑紫の国の某《なにがし》というものがいて、土大根《つちおおね》をよろづのいみじき薬だといって、毎朝二つずつ切り焼いて食うことが長く続いた。あるとき、敵がふいに襲ってきて館を取り囲み、攻めてきたが、館の中の彼はたちまち皆追い返してしまった。その力の不思議さに、これを見ていた者たちが「日ごろ、いったい何を食べているのか」と聞くと、「毎朝、土大根を焼いて食べているのだ」といった――という話がある。

これらの話から、昔は大根を薬食いとして重宝していたことがよくわかる。

ちなみに古くから伝わる大根の薬効は咳止《せきど》め、痰切《たんき》り、のどの腫《は》れ、風邪に効くとされ、高熱のとき、おろした大根を足の裏につけると不思議と解熱効果が現れるという。

大根の料理にはさまざまある。刺し身には細く削った「けん」が必ずつくし、鯵《あじ》、秋刀魚《さんま》、鰯《いわし》の焼いたものにはおろし大根がつきもので、鰤《ぶり》の煮つけには丸切りが側にある。このように大根の香味は、魚の生臭みを消すにはもってこいのもの。

そのうえ、ジアスターゼを主とした酵素を多く含むから、胃や腸の具合もよくなるということで、天麩羅などにも添えることになる。

大根の収穫／『農具便利論』大蔵永常（1822）

また、人参とともに細く切り、酢合わせとした膾《なます》、沢庵漬けやべったら漬け、田楽、おでんや味噌汁など枚挙にいとまがない。江戸時代から現代まで、わが国の野菜や根菜類でいちばん消費量の多いのが大根で、もっとも日本的食べものである。漬けものや料理で毎日のように食べられている野菜だ。

もちろん、江戸時代でもいちばん多く食べられていたのは大根で、天明五年（１７８５）には『大根一式料理秘密箱』や『諸国名産大根料理秘伝抄』という、大根専門の料理書が刊行されているほどである。

その『大根一式料理秘密箱』の序文では、つぎのように大根料理を讃《たた》えている。

「酒は量《はか》りなく飲みすぎる。下戸上戸とも、もちゆべきは大根料理なり。値段も安く、みすぼらしい家でさえも香物《こうのもの》漬けぬところはない。念佛講での手料理、夜話のもてなし、童には花大根、老いたるにはふろ吹き、出家にはてんぷら、賀振舞《がふるまい》にはしらが大根。まったくいやしからぬ料理なれば、老若雅人鈍人にすすめても、ふさいだ口あかぬはずなし」

芸の下手な役者を「大根役者」というが、これは大根は生食しても食中毒になることはない、すなわち「当たるためしがない」との洒落ことばからきたのだという。太めの足を「大根足」というが、これは説明の必要はないだろう。

干し根菜

特有の匂い「日向香」がうれしい素朴食

【健康効果】切り干しにするとビタミン、カルシウムが急増。動脈硬化、利尿、便秘にもいい

江戸の料理書にひんぱんに登場するのが、「切り干し大根」や「切り干し茄子」である。切り干し大根の煮つけは、日本人の郷愁をくすぐる素朴な食べものである。

切り干し大根は、大根を短冊《たんざく》形や細くせん切りにして乾燥したもので、切り方によって繊切り干し、上切り干し、角切り、花丸の四型に大別される。繊切りは長く細紐状に切ったもの、上切りは繊切りより少し太めに短く、角切りは短冊形、花丸は薄く輪切りにして、それぞれ干したものである。

東北地方には、切り餅のようにしたものを、藁《わら》や縄《なわ》にからげて凍乾《とうかん》させた「凍《し》み大根」もある。寒さの増す12月ごろから早春にかけてのものが最良とされる。切り干し大根には、肉質が緻密で、甘みが強く、そして軟らかい尾張の宮重《みやしげ》大根が適すとされるが、鹿児島の桜島大根や東京の練馬大根なども使われる。また、その主産地は宮崎県である。

切り干し大根には、さまざまな知恵がいくつも潜んでいる。第一が保存性。乾燥することにより水分が少なくできるから、微生物の増殖が抑えられ、保存性が高まる。このため、それでなくとも不足する冬場の繊維野菜として重宝される。

甲州の干瓢づくり／『北斎漫画』葛飾北斎

第二は、なんといっても栄養成分の濃縮にある。生大根は水分と繊維ばかり（水分約94％、糖度3％前後）で、消化剤としての効果以外、栄養成分としてはかえりみられていないが、これを切り干しすることにより、さまざまな栄養成分が顕著に高まる。水分は、16～17％に減る一方で、糖質が50～60％にも増え、さらにミネラル（無機質）、とくにカルシウムとカリウムは大幅に高まり、ビタミン群も著しく増加する。

第三は、その食味にある。乾燥することにより、特有の日向香《ひなたか》という匂いが生じて、素朴な感覚を増す。また特有の歯ざわりは、日本人を心からうれしがらせてくれる。

そして第四は、切り干し大根を材料にすれば、さまざまな料理ができることである。三杯酢に漬けた「はりはり漬け」、さっと茹でての「木の芽味噌和え」、そして惣菜用として、油揚げや揚げ豆腐と煮合わせるといった、この田舎料理の代表選手は、日本人を小躍りさせる。

ちょうどかぶるぐらいの「だし」を入れて、弱火で軟らかくなるまで湯煮《ゆに》し、醤油、塩、酒などで淡味《うすあじ》とする。この場合、大根から出る甘美な煮汁で甘味はほどよいから、砂糖は使うにおよばないであろう。

日本には、切り干し大根に似た乾燥根菜がほかにもある。晴れた日の朝、丸茄子を洗ってヘタを除き、5㎜ぐらいの厚さに縦切りして、1枚ずつを筵《むしろ》に並べて3〜4日ほど日干ししてから缶などに入れ、湿気を防いで貯蔵する。冬の野菜不足の折、水にもどして煮つけたり、味噌汁の実にしてよろこばれる。

また、さつま芋を薄切りにして乾燥させると、甘味を大幅に上げることができるから、食用や菓子用、焼酎、アルコール、酢などの製造原料に使われる。

干瓢《かんぴょう》もおもしろい。夕顔の果肉を、うすく長くはぎとり乾燥したもので、甘く淡味に煮つけたものは、巻きずしや五目ずしに不可欠だ。また関東では、干し芋茎《ずいき》、関西では割菜《わりな》と呼ばれる里芋の茎の乾物も、煮たり汁の実にして、捨てがたい素朴な味がある。

これらの切り干し野菜には、共通して動脈硬化の予防や利尿、便秘、その他の効果のある成分が含まれているとの報告もあり、その意味でも、もっと日常的に食べたい食材である。

南瓜

「冬至に南瓜」の理にかなった知恵とは

【健康効果】βカロテンたっぷりで皮膚、粘膜、視力を保護。西洋南瓜には老化予防の効果も

黄道上《こうどうじょう》の黄経が270度の点を冬至点といい、太陽の中心がこの点を通過した瞬間を冬至という。現行の暦では、毎年12月22日ごろ起こる。太陽はこのとき、もっとも南に位置し、日本のような北半球にあっては、この日、日中の長さがもっとも短い。

この冬至の日には、昔からさまざまな習俗的習わし、たとえば収穫への感謝のための行事や天候占いなどがおこなわれてきた。また江戸時代、民間では餅《もち》や団子をつくって祝い、この日に南瓜を食べたり柚子《ゆず》湯に入る風習もひろく知られるところだ。

南瓜を食べるのは、中風《ちゅうふう》にかからないという言い伝えからで、煮つけたり、味噌汁の実にしたり、田楽にして食べてきた。だが、その裏には知恵のある理由が潜んでいる。

南瓜は有色野菜の代表的なもののひとつで、野菜がほとんどとれなくなるこの時期には、貴重な栄養食品となる。糖質（炭水化物）はきわめて豊富に含まれ、無機物

（ミネラル）も多く、また遊離アミノ酸は１００g中に５００㎎も含まれている。

　そして、なんといってもβカロテン（体内でビタミンAに変換）の含有量は抜群である。ビタミンAは動物の成長、皮膚や粘膜組織の保護、視力の正常化（とくに夜盲《やもう》症《しょう》）などに関係するビタミンで、人間にとってきわめて重要なものである。

　寒く厳しい冬の一日。日は短くなり、目は疲れる時期の南瓜料理は、渡りに舟といったところで、体が要求する成分を効果的に補給するには、まことに理にかなった知恵なのである。

　南瓜はポルトガル船によって、室町時代の天文《てんぶん》年間（１５３２〜55）に豊後（大分県）に運ばれてきたのが始まりといわれ、「カンボジャ国の瓜」の意が南瓜の名となったらしい。この野菜は、土地を選ばず蔓《つる》をどんどん伸ばすほど勢力が強い。したがって多収穫であるから、平時はとかく軽んじられて、「今年は南瓜の当たり年」などともからかわれ、江戸文化期の献立には載せてもらえなかったほどだった。

　それが認識新たになったのは、天保の大飢饉以降の救荒《きゅうこう》対策としてだ。江戸末期の農学者である大蔵永常は、

「唐なす（南瓜のこと）飯炊きやう、唐なすを細かに切り、米といっしょに入れ、つねの水加減にて塩を入れ炊きあげ、杓子でよくかきまぜ食してよろし。米一升の手ま

へにて三、四合はとくぶんなり」

と、南瓜飯を救荒時の主食として勧めている。当時、南瓜は飢えに苦しむ数多くの日本人を日本の隅々で救ったに違いない。

なお、ついでだが、冬至に南瓜を食べたのは、昔から「ん」の字が二つつく食べものを三つ食べると中風にならないとされ、きんかん、れんこん、きんとん、はんぺん、ぽんかん、けんちんなどとともに、なんきん（南瓜）も、その類いであったからという。

冬至に柚子湯に入ったり、柚子餅を食べたりするのにも理由がある。五月節供の菖蒲《しょうぶ》や蓬《よもぎ》の湯と蓬草餅《くさもち》、秋の菊の湯と菊酒のごとく、匂いを吸ったり食べたりすることにより、体の中の邪気《じゃき》を払い、健康になろうとする禊《みそぎ》の一種である。

芋

とろろ芋は古来「山薬」として珍重されてきた

【健康効果】カリウムが塩分を排出し、食物繊維は腸をきれいに、マンナンにはスリム効果も

多年生の植物の根または根茎が、翌年の生育にそなえてデンプンや他の多糖類などを貯蔵して肥大しているものを「芋」という。さつま芋や山の芋のようなものは根が肥大したものであり、じゃが芋、里芋、蒟蒻《こんにゃく》芋などは、根茎が肥大したものである。芋は人間にとって、もっともつき合いの歴史が長い植物であって、地球上のいかなる民族の祖先も、原始の時代から芋にはことのほか世話になってきた。今日でも、芋を口にしない民族など、探しだすのに苦労する。

日本では古くから里芋が主であって、ほかの山の芋、とろろ芋、くわいなどが食べられてきた。だから、日本には古くから里芋をめぐる民俗習俗（芋正月や、さまざまな農耕儀礼での里芋の登場など）が、日本全国、津々浦々に驚くほど多い。

いっぽう、さつま芋は日本では比較的新しい食材で、慶長二年（１５９７）、宮古島に入った後、17世紀に薩摩、長崎に伝わり、主として南九州で徐々にひろまった。

江戸時代の享保二〇年（１７３５）、青木昆陽《こんよう》が江戸に導入したのは有名な話である。その後は、関東一円や西日本にひろがっていった。したがって、江戸がさつま芋の伝《でん》播《ぱ》に果たした役割は大きい。

じゃが芋の日本伝来は江戸初期とする説があり、ジャカトラ（現在のインドネシアのジャカルタ）からオランダ船によって伝えられたので、ジャカトラ（ジャガタラ）イモがじゃが芋になったという。宝永三年（１７０６）に、北海道の瀬棚《せたな》で、また明和年間（１７６４〜72）に、甲斐《かい》（山梨県）での栽培の記録が残っている。

さて、さつま芋もじゃが芋も、日本に入ってきて大いに発展した。個体が大きいわりに多収穫であり、デンプンの含有量も多く、救荒用として適していたからである。明治時代に入ると、日本人の得意の知恵は、まず品種改良にそそぎ込まれた。欧米品種を基に、さまざまな方法によって改良し、日本の風土に適した品種を次々とつくりあげていった。今日、わが国にある芋類の品種の多くは、この国で改良されて育った、日本の血の濃いものばかりである。

さて日本人は、芋をさまざまな加工法や調理法で、ものの見事に利用しきってしまう知恵をもっている。おそらく、芋食をとおして、芋のあつかい方の多様さといったら、世界の民族の中でも、日本人はその筆頭であるといってよいだろう。

たとえば、芋の生食。芋を生で食べる民族はまれといってよいが、日本では山の芋やとろろ芋をおろして、これをご飯にかけたり、生の鮪をぶつ切りにして「やまかけ」にしたりする。

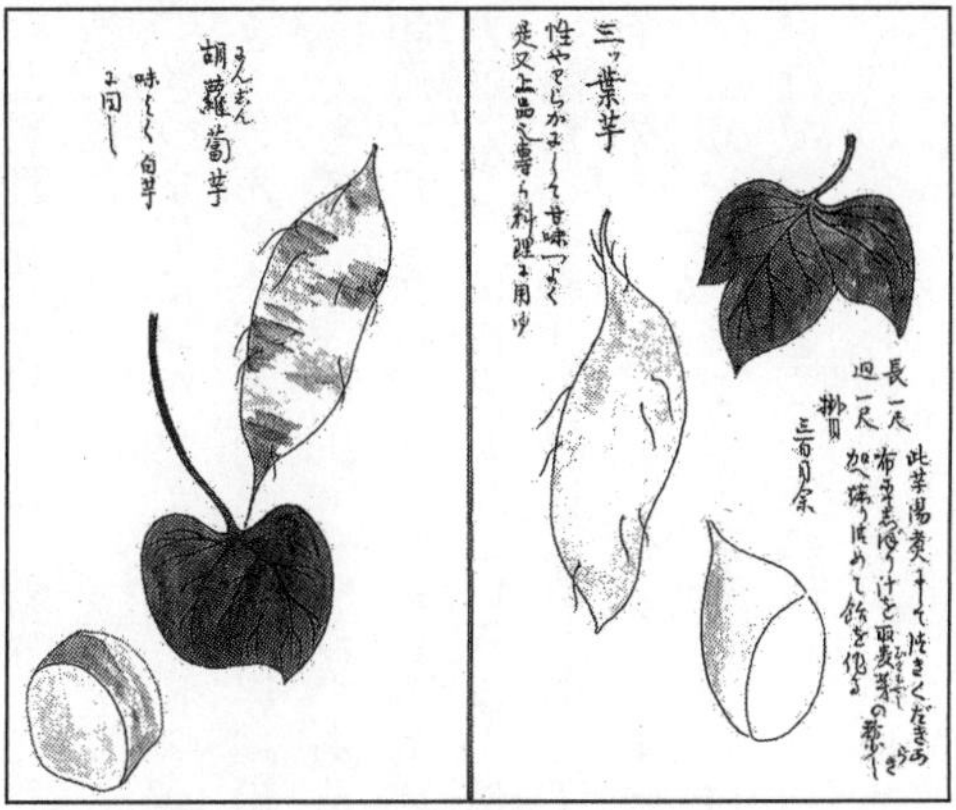

さつま芋／青木昆陽『甘藷記』の重刻版（江戸後期）

また、皮をむいた里芋、山の芋を短冊に刻み、三杯酢で生食するのも淡泊で歯切れがよく、珍重される。ましてや蒟蒻のように、主成分のマンナンを弾力ある歯ざわりにしてから味わうなどは、日本人の独創である。

里芋の含め煮、うま煮、いも棒（里芋と棒《ぼう》鱈《だら》の合わせ煮）、昆布煮など、精進性をもたせたこれらの料理は、この芋の性状をよくわきまえたうえでの料理法であって、日本の芋料理の原点に位置する。

山の芋やとろろ芋は、古来「山薬」というほど薬食いとしても珍重されてきた。おろして生食のほか、煮たり蒸したりして、椀種《わんだね》や一品料理に使う以外に、乾燥して粉末とし、蕎麦のつなぎ、はんぺんや菓子などの製造に使ったりする。

さつま芋にいたっては、ひじょうに多くの方法で調理してしまう。焼き芋、西京焼き、きんとん、あめ煮、天麩羅、揚げ煮、干し芋、焼酎、酢などは、そのほんの一例。

そして、じゃが芋も、そうである。煮ものとして醤油とよく合い、つぶしてつくる和風コロッケは、まことに日本的洋食となってしまう。このように日本人の芋の食べ方は、じつにご立派だというほかはない。

飽食といわれる現代にあって、芋の繊維は腸の働きをよくするとか、蒟蒻やとろろ芋はダイエットによいなどと、ずいぶん前から見直されている。

どうやら、いつの世でも日本人は、食材をとことん栄養摂取に利用する知恵をもつだけでなく、必要とあれば、それらの食材を健康増進に結びつけるといった、まったく別の角度からの利用価値で摂取する知恵ももっているようだ。

茸

香りそれぞれ、深山からのヘルシーな贈り物

【健康効果】骨代謝に欠かせないビタミンDの宝庫。低カロリーで食物繊維の含量も多い

日本は自然豊かな国だから、山や川、海にはさまざまな美味な食材がわき出てくる。秋の味覚の代表である「茸《きのこ》」も、わが国では古い時代から食べられてきた自然食品のひとつだ。日本は四季がはっきりしていて、規則正しく春夏秋冬がくるうえに、世界の平均降雨量の約１・８倍も雨の多い多湿の気候だから、この風土条件は、世界一の茸王国を誕生させた。

椚《くぬぎ》、小楢《こなら》、えごのき、あかしで、赤松、落葉松《からまつ》、橅《ぶな》、水楢《みずなら》、椎《しい》、樫《かし》などの雑木林や松林が列島を縦横に走っており、茸の生育しやすい豊かな土壌が日本をつつみ込んでいる。そのため、日本に生育する茸の種類は圧倒的に多く、じつに４０００種もあるといわれており、食用とされているものだけでも約１８０種ある。

『日本書紀』の仲哀天皇の条に栗茸《くりたけ》狩りの記載があるから、すでに大昔から茸狩りは日本人の秋の楽しみのひとつであったようだ。松茸、椎茸、栗茸、しめじ類、初茸、

舞茸、楡茸、なめこ、えのき茸など、味や香りがたいへん上品なのも、日本の茸の特徴である。

日本人の茸食には歴史と伝統があるから、その栽培や料理、加工などにも数々の知恵がある。

まず、栽培法。世界に先がけて江戸時代の慶安三年（１６５０）ごろには、すでに椎茸の栽培がおこなわれている。昭和になると椎茸の人工栽培も始まり、同時に、椎茸以外の茸についても人工栽培の研究がおこなわれだした。

その成果は今日、えのき茸、なめこ、初茸、舞茸、しめじなど20種近い茸が、おが屑《くず》や人工床で栽培されているのをみてもよくわかる。多種類の茸を、このような手法により多量に生産している技術力は、世界中でもわが国が断然トップである。

日本人の茸の保存法も優れている。椎茸は天日で乾燥して栄養価値まで増加させて保存し、栗茸やしめじは塩漬けにして保存され、食べたいときに塩出しして使われる。なめこは缶に詰められて半永久的に保存でき、松茸や椎茸、しめじは佃煮にしても長く保存が効くから、即席の飯のおかずや酒の肴として、大いに重宝されている。

料理の仕方にいたっては、もういかなる国の追随も許さない。松茸は、その香味をけっして逃がすことのない調理法でことごとく賞味するし、飯とよく合う茸は炊き込みご飯として味わい、吸いものに似合うものは上品な椀ものとしてよろこばれ、油に負けぬ味のものは天麩羅にもする。

茸料理は、江戸時代に入って革命的に開花した。それは、茸には無毒と有毒があるからで、江戸期にそれが明確に区別され出したからである。江戸時代の『料理物語』の茸の部には、「松茸、平茸、椎茸、いくち、よしたけ、しめじ、松露《しょうろ》、木くらげ、こうたけ、鹿茸《ししたけ》、ねずみ茸、岩茸」などが挙げられている。

また『素人庖丁』には、その食べ方として「ひたしもの、酢のもの、田楽、つけ焼、吸もの」などが記されている。そのほか『年中番菜録』『料理早指南』などにも、茸料理がくわしく載っていて、当時いかに多

岩茸採り／『北斎漫画』葛飾北斎

くの茸を多彩に食べていたかがわかる。このように日本人は昔から、茸を生食、焼く、煮る、蒸す、炊く、揚げる、和える、茹でる、炒めるなど、あらゆる調理法によって、それぞれの持ち味を生かす料理の知恵をもっていた。

茸をていねいに水で洗った後、茹でる。茹であがったら茸と同量ぐらいの塩を用意して樽に漬け込む。樽に蓋をして軽く重石をのせ、そのまま保存しておく。食べるときは十分に塩出しをし、大根おろしを上にかけて供したり、汁ものに使うと、また別格である。

干し椎茸

乾燥という工夫で味も香りも倍加する

【健康効果】血中の総コレステロール値や血圧を低下させる物質エリタデニンが注目される

日本人の考えだした乾物は数々あるが、「干し椎茸」ほど知恵のある保存食品はない。乾燥することにより、生よりも味や香り、そして栄養価まで高くなるのだから、まことにもって珍しい乾物ということになる。

椎茸の歴史は古い。すでに仲哀《ちゅうあい》天皇（日本武尊の第二王子）が熊襲《くまそ》征討のため、筑紫国に入ったとき、その地の民が椎の木について育った香り高い茸を献じたことから、その宮の名を「香椎《かしい》宮」（福岡市香椎）と名づけたと古書にあるほどだから、そうとう古くから食用にしていたことがうかがわれる。

また、名僧道元《どうげん》禅師による『典座《てんぞ》教訓《きょうくん》』（鎌倉時代）には、道元が貞応二年（１２２３）、宋に渡ったとき、当地の高名な僧から「日本の椎茸を買い求めたい」という商談があったと記してある。鎌倉初期、干し椎茸はすでに著名な輸出品のひとつであったようだ。

その椎茸が大発展したのは、江戸時代に入ってから画期的な大発明があったからだ。元禄年間（１６８８～１７０４）に豊後（大分県）や伊豆地方で、榾木《ほだぎ》栽培がおこなわれたのである。さらに今日のような大量生産が可能になったのは、昭和一〇年（１９３５）に、これまた日本人の知恵によって、種菌を接種する人工栽培法がスタートしてからのことである。

椎茸は、生では貯蔵性に欠けるから、なるべく早く食する以外は、大半が干し椎茸にされる。以前は日光乾燥したものが本格とされたが、いまは大部分が、火熱乾燥品になった。

椎茸にはビタミンＤ（血液中のカルシウムを一定に保ち、骨の正常な形成に関与する）の前駆体であるエルゴステリンがきわめて豊富に含まれていて、これを日光で乾燥するとき、紫外線の照射によってビタミンＤとなる。

したがって、今日の椎茸の大部分が火力乾燥となったから、ビタミンＤの供給源としての期待はいくぶん低くなったが、その代わりに、血中コレステロールや血圧を低下させる物質が増加することが見いだされた。

実験によると、椎茸の水抽出物中には、シロネズミの血液中のコレステロールを低下させるエリタデニンという物質が存在していることが明らかにされている。また、抗変異原性物質の抽出もおこなわれ、健康自然食品として熱い視線を浴びている。

しかし、椎茸はなんといっても、あの味と香りにある。特有のうま味は5′－5グアニル酸と、グルタミン酸などの遊離アミノ酸との相乗効果で、古来、昆布や鰹節とともに、わが国の代表的な「だし」として用いられてきた。

だしを取るのに、もっぱら乾燥品が用いられるのは、乾燥により味が増すためである。また、乾燥することによって香りも大幅に高くなるが、これは特有の芳香成分であるレンチオニンが、乾燥中に酵素反応により高められるためである。

乾燥した椎茸には、このようにさまざまな特性があるから、使用時には水もどしをしてから調理する。水もどしは、短時間でおこなうのがよく、長時間の浸漬《しんせき》はうま味成分や香り成分の溶出をまねくから避けたい。

もどす際、少量の砂糖を水に加えておくと、味の溶出を防ぎ、椎茸にコク味をつける。もどした水は、うま味の損失を防ぐために煮ものの汁に使うようにする。

もどした椎茸は、おもに煮ものに使われるが、椎茸料理のコツは「弱火に徹する」ことである。味が茸の組織中にむらなく浸透することと、せっかくの香りを少しでも高く保たせるためである。

寒いとき、湿度の少ない乾燥した状態で栽培されたものは、肉厚でかさが白みがかり、菊花状に割れているので、これを「花冬茹《はなどんこ》」といい、やはり低温時に採取して、かさが七分開きのものを「冬茹《どんこ》」、肉薄のかさのものは「香信《こうしん》」と呼んでいる。かさの表面が白みがかった黄茶色、裏側が黄色を呈していて、茎があまり長くないものがよく、味は肉厚のものがよいとされる。

葱

魚や肉の臭みを消し、風邪の妙薬にも

【健康効果】香り成分のメチルアリルには、消化液の分泌促進、不眠改善などの効果がある

禅寺の入り口に「不許葷酒入山門《くんしゅさんもんにいるをゆるさず》」と石に刻んだ戒《いまし》めをよく見る。「葷《くん》」は葱《ねぎ》、にんにく、韮《にら》のような強い匂いのある野菜のことで、このようなものは、不浄であり、また酒は浄念を乱すため、それらを口にした者や、もった者は、清浄なる寺門内に入ることを許さない、と戒めているものである。

だが日本人は、仏門外では葷ものをじつによく食べるし、その特性を知りつくしていて、上手な料理の方法をもっている。

その中で、もっとも多い消費量を誇っているのが葱類である。葱の原産地はシベリアとされるが、これを自国のものとして、毎日の料理に欠かすことのできない存在に育てあげてきたのは日本人である。

中国では、周代（紀元前2世紀ごろ）の『爾雅《じが》』に、葱のことを「本白く末青し」と記載しているが、今日では、その消費量は日本の足もとにもおよばない。また、ヨ

ーロッパでもサラダの香辛料として、少量が栽培された程度である。

わが国では『日本書紀』に「秋葱」の記載があり、天皇即位の大嘗会《だいじょうえ》には、神饌《しんせん》のひとつとして供されている。

古くから日本人が、葱を大切に育ててきた理由のひとつには、知恵深い計算があった。葱の成分には、消化液の分泌を促進し、胃腸を整え、神経の衰弱や不眠に効き、寄生虫を去り、発汗に効果があるから、風邪の妙薬となるなど、さまざまな薬効を体験的に知っていて、これを薬食いにしてきたのである。

葱類（ユリ科に属する多年性草本）の仲間には、長葱《ながねぎ》、分葱《わけぎ》、浅葱《あさぎ》、韮などあるが、これらには、いずれも共通した特有の匂いがある。あの匂いの成分は、メチルアリルを主体とし、これにメチルスルフィッド、メチルメルカプタンなどが混存《こんぞん》したものである。

日本人はこの匂いをも、料理に上手に生かしている。生のまま刻んで麺類や鍋物の薬味とすると、その匂いと辛味がじつによく合う。魚や肉の生臭みを消すのにも、葱の匂いはたいへんよく効くから、煮もののパートナーとされる。また純白と浅緑の色は、細かく切って、吸いものや天盛り、つまなどにのせると、素朴な色調がよく似合う。

ほかに、酢味噌のぬた、肉との串焼き、汁の実、炒めものと、その用途には枚挙にいとまがない。

長葱は関東では、下仁田葱、千住葱、深谷葱が、また京阪では九条葱が有名で、日常の鍋ものや炒めものにもっとも多く使われている。昔から関西では葱の白根と青葉を併用してきたのに対し、関東では白根のみを主として用い、青葉を捨てる風習は面白いことである。

これは江戸時代からのことで、江戸後期の『料理物語』には「ねぶか飯《めし》、葱の白根ばかりを細かく繊に打ちてゆでこぼし」とあり、また『料理調法集』にも「葱の白根を細かく割き、湯煮をして」とある。

江戸初期の『料理物語』に、「ねぶか（長葱）汁、味噌を濃うしてダシ加え一塩の鯛を入れてよし、すましにも仕立て候」とあるのは、長葱は、味噌煮よく調和するとともに、併用する他の食材（この場合は魚）の生臭みを消すのにもよく効くことを教えている。

分葱《わけぎ》は「根元が多くの株に分かれた葱」という意味で、この名がついた。長葱ほど強い香りはなく、落ち着いた匂いのうえに、やや甘みのある洒落たネギである。香味の上品さを身上とするから、茹でて食するときには茹ですぎは禁物。火を通しすぎるとヘタヘタと流体状になって、匂いも変わってしまう。

浅葱は糸葱ともいい、春の日当たりのよい土手などにヒョロヒョロと伸びている。らっきょうを小さくしたような白い玉を茎根とし、生のまま味噌をつけて食べると、強い香味が口中にひろがる。

韮は特有の匂いの中に、甘みを秘めた葱で、料理になってからの匂いは、だれをも魅了せずにはおかない。とくに獣肉臭を消すのには、てきめんの効果を発するので、レバーのようなものと炒められる。日本人は、葱の特性をじつによく知りつくし、理にかなった方法でこれを食べてしまう、たいした知恵をもっているのである。

紫蘇

評判の紫蘇飯に江戸人は心癒やされた

【健康効果】カロテンの含量は野菜の中でもトップクラス。不眠にも効き、貧血にも効果あり

「紫蘇《しそ》」は、昔から「神秘湯《しんぴとう》」「香蘇散《こうそさん》」といった漢方薬の原料として用いられ、鎮《ちん》咳《がい》、解熱、利尿、健胃、発汗、解毒、精神安定などに効ありとされた。また、魚介類や食べものの消毒、殺菌作用もあるとされ、古来から薬用としての使われ方が多かった。

あわせて、その葉や実には特有の香気と味があり、そのうえ鮮やかな強い色素をもっているから、多目的な食用としても重宝されてきた。

育ちやすく、庭の雑草などにも混じってみられるだけに、たいへん身近な香味植物で、唇形《しんけい》科の一年草である。葉茎の緑色のものを青紫蘇といい、赤紫色のものを赤紫蘇または紅紫蘇という。

前者はおもに料理用に、後者は梅干しを主例として、紅色の漬けものの着色に多く使われる。香りは青紫蘇に強く、表面にしわがあるものが上等で香りが高い。青紫蘇

名物「紫蘇めし」の暖簾／『名所江戸百景』歌川広重

をもっとも多く見かけるのは刺し身のつまで、とくに烏賊《いか》の刺し身には例外なく添えられる。天麩羅にもよく用いられるが、以前のように夏告げ草の季節感はいまはなく、一年じゅう楽しめる香り葉である。

もっともうまい食べ方は、たいていの人が知っている紫蘇巻き味噌だろう。味噌に砂糖と味醂を加えてよく摺《す》りまぜ、これを小さく分けて紫蘇葉につつみ、数個ずつを串に連ね刺して、胡麻油をひいたフライパンの上であぶったものだ。

または、この甘味噌をししとう（獅子唐辛子）に詰め、これを紫蘇の葉でくるんで、串に刺し胡麻油で焼きあげたものは、胡麻油と紫蘇と味噌の香味が焼かれ合って、微妙なよろこびの香味を与えてくれる。

江戸の料理書に「紫蘇飯《めし》」があるが、これも体と心にとてもいい作用をしてくれる。紫蘇の葉を刻んで塩もみしたのを飯に炊きまぜるか、炊き上げた飯にふり混ぜるものだが、鼻から入ってくる紫蘇の匂いは、心がとても癒やされる。

いっぽう、江戸の食の中によく出てくるのが紫蘇の実の佃煮である。飯のおかずにも、酒の肴にもよいというのでつくられていた。紫蘇の実だけを塩水で洗い、よく水気をきってから醤油6、酒3、味醂1で煮詰めたものである。これは長く保存できるので重宝である。

山葵

多湿の日本で発達した殺菌の香辛料

【健康効果】生のまますりおろす薬味の山葵には、消化を助け、毒を消す健胃効果がある

「日本人の食事は、つねに清潔にして、かつ美をつくせり」——。

これは室町時代末期に渡来したヨーロッパ人、ジァン・クラッセ（イエズス会）が日本人の食生活を見て、『日本西教史』（１６８９年）に、その感想を書き残した一節である。

また、宣教師のルイス・フロイスも「食事は節制し、常食は米および野菜にして、海辺に住む者は魚を食す。彼らは二本の小さき棒を持って食し、食物に手を触れるを不潔なりとす」と、本国に手紙を書いている。

日本は、世界の気象からみれば湿度がかなり高いところであり、冬季をのぞくと、年中の大半が、つねに食中毒に注意を払わねばならない風土である。そのうえ昔は、下水道や上水道があったわけでもなく、そのような環境に住む民族であったからこそ、自らの身を守るために、食の方法は清潔であったのだろう。

このような日本の食事事情にあって、この国特有の香辛料の存在は大きかった。たんに調味としての味つけや香りづけだけではなく、防腐の効果や殺菌剤としての効用をもった香辛料が、かなり多いからである。『和名抄《わみょうしょう》』（わが国最古の分類体の漢和辞書。９３１〜９３８年）には「魚の生食には、香辛料の使用は必須である」との記述がある。

昔から日本人が刺し身を食べるのに、山葵《わさび》や生姜《しょうが》、蓼《たで》、芥子菜《からしな》などをおろし、これを薬味としてつけて食べたり、酢でしめて食べたりしたのも、ひとつには殺菌・消毒の作用を期待しての衛生上の知恵であったようだ。現にこれらの香辛料には、それぞれに殺菌効果をもった成分の存在が確認されている。

わが国原産の香辛料といえば、その代表が「山葵」である。平安時代の『延喜式《えんぎしき》』には、若狭、越前、因幡、飛騨、丹後、但馬の諸国から山葵が貢納されたことが記されており、すでに9〜10世紀には、野生のものを採取し

蕃椒（とうがらし）粉売り／『守貞漫稿』喜田川守貞

てきて食していたし、16世紀には栽培もおこなわれだした。

山葵には健胃効果があり、消化を助け、毒を消すというので、もっとも珍重されてきた香辛料である。

江戸時代の『草木六部耕種法《そうもくりくぶこうしゅほう》』によると、一反当たりの収益が稲1両2分に対し、山葵15両とあり、当時からひじょうに高価なものであったようだ。

山葵の食され方だが、鎌倉時代の『厨事類記』には「汁の実」にするとあり、当時は煮たものも食していた。

だが大半は生食で、山葵をすりおろす「山葵おろし」はそれ以前からあったし、おろした山葵を酢に溶かし、醤油と合わせて刺し身に使っていた。

おろすことにより、特有の辛味が生じることを体験的に知っていたから、刺し身のほか、鮨、蕎麦、茶漬け、蒲鉾などの香辛料として不可欠であり、珍重したのである。

辛味だけでなく、特有のツンとくる匂いと鮮やかな緑の色は、まさに日本料理と一体となった香辛料なのである。

生の香辛料を生きたまますりおろし、その場で味わってしまう。これほど贅沢な味わい方をする民族は、世界の中でも日本人ぐらいのものだろう。

山椒

実ばかりか、葉も花も樹皮も香り高い

【美味賞嘆】山椒の葉を身欠き鰊とともに漬けこんだ、会津地方の鰊漬けは野趣に富む伝統食

「山椒」は、別名を香り葉ともいい、また英名では日本特有の香気植物であるから、ジャパニーズ・ペッパーともいう。いい名である。すでに、縄文時代の出土器にこの種子がついていたことから、そうとう古い時代から香辛料として使っていたようだ。奈良時代には、今日のように煮ものや漬けものに山椒の実を使って、香辛料としてのみならず、日持ちを長くさせるといった知恵まで発揮していた。

山椒は、葉のみならず樹皮、花、実まで香りをもつから、いずれも料理に利用される。葉や黄緑に光る若芽は味噌和えや吸い口、酢のもの・和えものの添えとして。花は焼きもの、煮もののあしらいに、吸いものに一輪浮かせれば素朴で美しい。そして、実は乾燥、粉末にして、蒲焼きや吸いものにパラパラと撒《ま》くと、価値ある香辛料となる。

また、七味唐辛子の有力な一員として重宝され、樹皮も香辛原料として大切である。

だから山椒は「香り木」としたほうが適当のようで、昔から、擂《す》りこぎ棒にはもってこいの材料となっている。堅いうえに、幹に凸凹があるから握りやすく、そして、なんといっても擂り鉢でこするとき、ふつうの木では漂わないような香気をかすかに発する点がよい。

江戸料理を見ると、山椒の使用頻度はたいへん高い。冷蔵庫などのなかった時代、貴重な天然の防腐剤、殺菌剤的役割を果たしていたのであろう。

その江戸料理の中で特異的なのが「辛皮《からかわ》」という珍しいものである。これは、山椒の若い樹枝を切りとって水に漬け、アクが抜けて皮の剝《は》がれかかった時分に引き上げ、皮を剝ぎ、細かく刻んでから、醬油で煮詰めてできあがりである。特有の上品な辛味の中に微香があり、前菜にしたり茶漬けの友として、食通のあいだで珍重されていた。

ところで、山椒は薬効植物としても名が高く、「悪気を下し、宿食《しゅくしょく》を治し、胸膈をゆるめ、虫積《ちゅうしゃく》を逐《お》ひ、肺を温め、胃を健にす」とか、「解毒、殺虫、殺菌、防腐に効あり」とか昔からいわれてきた。

食べ方は、葉や芽を用いた木の芽味噌が有名。芽をまず擂りつぶし、これに白味噌を入れて擂り混ぜながら、砂糖、だし汁、味醂、清酒、卵黄を加えてつくる。緑が美しく、香りが上品なよろこび味噌で、豆腐、蒟蒻などの木の芽田楽にして、なおいっそうの至福となる。

また吸いもの、とりわけ潮汁《うしおじる》のような生臭いものを具とする料理には、かるく葉を数枚、浮かべただけで、その生臭みは一転して、春うれしい緑の香りに変えることができる。

私は、福島の会津若松や喜多方で、山椒の葉を身欠き鰊《にしん》とともに漬け込んだ「鰊漬け」があまりにもうまいので驚嘆したのを忘れない。

この地方へいくと、鰊漬け専用のおはち「鰊鉢」を売っているほどだから、たいていの家では漬け込むようだが、各家によってひと味もふた味も違うという。海から遠く離れたこの地方では、京都と同じく、昔から保存タンパク源として身欠き鰊をおもに使ってきたが、これを山椒の葉とともに漬け込むことによって、野趣豊かな風味をもった、すばらしい保存食が伝承されることとなった。

カチカチに堅く乾燥した身欠き鰊を数センチ大に切り、これを味醂、清酒、醤油などでつくった「たれ」に漬け込んだものだが、漬けあがったものは鰊の生臭みがまったくなく、噛めば噛むほど芳香とうま汁が口の中に充満するのである。

柑橘

日本料理にはレモンでなく、やはり柚子

【健康効果】ビタミンC効果はもちろん、クエン酸などの有機酸はカルシウムの吸収を助ける

柚子《ゆず》、橘《たちばな》、橙《だいだい》、柑子《こうじ》、枳《からたち》などは、いずれも芳香精油を含み、その果汁は酸味が強いから、料理の材料に重宝される。これらの柑橘《かんきつ》類を人間は、じつに古い時代から大切に育て、親しみ、利用した。

インド東部や中国では、紀元前より柚子、橘、枳の区別をしていたという。原産地はインド東部、ヒマラヤおよびアッサム、中国揚子江上流地域にあるといわれ、植物学上の分類ではミカン属、キンカン属、カラタチ属に分けられる。

ふつう、食用に供しているのは、カラタチ属に含まれる柑橘で、樹皮にトゲが多く、複葉、単花で、実は黄熟するものの仲間である。この属に含まれる代表的な柑橘にはレモン、シトロン、ライム、ベルガモット、グレープフルーツ、文旦《ぶんたん》、橙《だいだい》、雑かん類（夏みかん、伊予柑、はっさくなど）、柚子、温州《うんしゅう》みかん、紀州みかん、柑子、橘、枳など多様で、いずれもなじみ深いものが多い。

これらのうち、日本料理に用いられるのは柚子、橙、枳などである。『太平記』の南方蜂起のくだりで、湯河荘司が宿の前の落書きに、「宮方の鴨頭《こうとう》になりしゆのかは都にいりてなんの香もせず」と書いた。鴨頭とは青柚子のことで、雄鴨の頭部の色がちょうど深緑色であって、柚子の深緑に似た色であることからきた言葉であるが、湯河を柚皮にしゃれて、自らの立場を歌ったものである。

ところがその後、粋な料理人は柚子に限らず、このような柑橘類をうすく切って吸いものに浮かべる「吸い口もの」には、鴨頭を香頭と直して呼んだという。いずれも、しゃれの達人で粋な呼び方である。

江戸時代に入ると、柑橘類は香味料として多くの料理に登場するのは、それを記述した文献が頻繁に刊行されていることでわかる。たとえば『料理網目調味抄』には、「柚餅子《ゆべし》」の原型である「柚干《ゆぼし》」のことが、また『北辺随筆』には「柚潰《ゆべし》」「柚味噌《ゆずみそ》」「柚煉《ゆずねり》」などのつくり方が詳しく記述されたりしている。

この香頭類のもっとも知られる料理法には、共通して皮に芳香をもつために、果皮をけずり吸い口にする場合と、酸味が強いために果汁を搾り出して薬味として使う場合が、ほとんどである。

とくに正月の飾りにかかせない橙や酢橘《すだち》は、その搾り汁をぽん酢といって、鍋ものにひろく愛されている。搾られたぽん酢の芳香は、多くの料理で生臭みを消してくれると同時に、一変して食欲香を放ってくれる。

また、これら香頭果の花は、だいたい共通して可憐な形の五弁の白い花をつけるが、この花の香はまた、果皮の香気をもちながら、これに花特有の甘い匂いをあわせもつものだから、吸い口に浮かせると椀がいっそう引き立って、幻の吸いものとなる。ところで、日本の香頭果は、同じカラタチ科でもレモンやライムなどの西洋のものとは異なった匂いをもつ。たとえば、吸い口にレモンではいけないし、グレープフルーツのぽん酢では湯豆腐は不味いにきまっている。

やはり、日本料理には日本産の香頭が合うもので、わが国の四季を含めた気候風土が、日本料理にぴったりあった芳香をつくりあげているのだろう。

食花

重陽節の『菊酒』は長寿を願う縁起酒

【健康効果】桃の花や蕾《つぼみ》は利尿、菊は心の安らぎ、辛夷《こぶし》は鼻や泌尿器系に薬効をもつとされる

日本は年間を通して、花が絶えることはない。花の生命が奔出《ほんしゅつ》する花らんまんの春、百花繚乱《りょうらん》の夏、千草の花競演の秋、満月荒涼の中に萌える冬の花。山紫水明にして正確にめぐりくる四季を抱いた、このすばらしい国には、驚くべき種類の花が咲きほこり、それを日本人は大切に愛し続け、育ててきた。花を見て心を和ませ、その「心」から、風雅の道として花を活ける芸術まで生んだ。

さて、その花を日本人は、昔から食べて重宝する知恵ももっていた。世界の中で、花を食材のひとつとして、じつに上手に理にかなった方法で食べてしまう民族は、おそらく日本人くらいだと思ってよいだろう。

日本人の花食いは、大昔からのことである。花を食べることが、健康によいということを体験的に知りだしたのは、そうとう古い時代からのことで、おそらく縄文以前

からのことであろう。野菊はもちろん、たんぽぽ、すみれ、椿や牡丹《ぼたん》の花まで食べた。花粉や蜜には、さまざまな微量成分、とりわけリンや鉄、マグネシウム、カルシウム、カリウムのようなミネラル類や、ビタミンB群、ビタミンC、ビタミンKなどのビタミン類が豊富に含まれている。このため花を食することは、当時の粗末な食生活の中にあって、貴重な活力源のひとつにもなっていたのだ。

そのような花の食をとおして、日本人は食べられる花と毒の花、美味な花と不味い花、体のためによい花と食べすぎると体によくない花などを、正確に区別してきた。そして、その使い途にも、理にかなった多様性をもっている。

花を食うといえば、その代表は菊である。平安時代の『延喜式《えんぎしき》』の「典薬寮《てんやくりょう》」の条にも記載があるように、菊は薬餌《やくじ》として重宝され、重陽節《ちょうようせつ》（陰暦9月9日の菊の節供）には、菊酒として延命の縁起酒にもなっている。酢のもの、浸しもの、和えもの、添えもの、汁の実など、多彩に賞味される。

菊を茹でるときは、熱湯に入れないで、最初から水と一緒に鍋に入れて火にかけ、ひとふきしたら笊《ざる》にあける。そして、水に冷やしてしぼり、三杯酢に漬けると、色が冴えて歯ざわりもよく美味である。

日本の花料理は、菊以外にもたくさんある。なずなの花を茹でて胡麻和えにしたもの、京洛の代表的な漬けもののひとつといえば菜の花漬け。梅干しとともに酒と醤油で煮つめた蕗《ふき》のとうは、絶妙の苦味と芳香を楽しませるばかりでなく、胃腸にもたいへんよい。

また、八重桜の花の塩漬けは、桜湯やあんパンに使われ、花山椒や花柚子の小さくも可憐な花弁は吸い口にしてうれしく、紫蘇の花、胡瓜の花、小菊、蓼《たで》などは、刺し身のつまに重宝される。

江戸時代には「桜漬《さくらづけ》」という花漬けが普及していた。これは桜の花を塩漬けにしたもので、水1升に塩1升を加え、煮立せてから冷まし、そこに花房を重ねて漬けていき、軽く重石をして貯える。その一、二輪をとって湯呑に入れ、そこに熱湯をそそいだ風味がよろこばれた。多くは八重桜のような重弁種を用いた。

このように日本人の花食いの裏には、理にかなった知恵が随所に隠されている。

第一に、薬効である。桃の花や蕾《つぼみ》は利尿に、

重陽の節供／『浮世絵手本』（1840）

菊は心の安らぎに。辛夷《こぶし》は、鼻や泌尿器系の病に。蕗のとうは健胃や鎮咳に。またたびの蕾は疲労回復にと、大半の花はそれぞれに薬効をもつ。

そして第二は、食味だ。躑躅《つつじ》や皐《さつき》の花びらの酸味、蕗のとうや菜の花の苦味、花山《はなざん》椒《しょう》の辛味、桜花や梅の蕾の渋味など、花には五味の一覚も宿る。

第三が、匂いとしての脇役者。菊、桜、柚子、紫蘇の花々などには、野趣あふれる自然の快香があって、じつにうれしい。

そして第四は、視覚への貢献。純白な柚子の花は五弁の球形、山葵の花は表白色の十字花。これらを吸いものに浮かせて吸い口としたり、桜や桃の花を湯や酒に浮かせて、その色ごとを飲んだり、色とりどりの花弁の小さき花々を料理に添えたりするのを目にするとき、思わず日本料理の粋の神髄をかいま見たような気がして心なごむのである。

匂い草

病気を遠ざける和のアロマテラピー

【健康効果】七草粥の芹《せり》の芳香は心身をハッツラツとさせ、草餅の蓬《よもぎ》の快香は気分を快適にする

アロマテラピーという芳香療法がある。ご存じのように、ひと言でいえば薬を飲むのではなく、匂いを嗅《か》がせることで、病気や不調をよくしようというものだ。この方法だと副作用もなく、治療費や経費も高額ではないから、十分に効果が得られれば大満足である。

この療法は、かつてのソ連や西ドイツなどで活発に研究されたが、残念ながら日本での研究数は多くないようだ。さまざまな化学成分、薬草、香料を嗅がせることにより、呼吸器系、循環器系、消化器系、泌尿器系、神経系、精神活動系などが刺激され、これを繰り返しているうちに体が治癒してくるというものである。

芳香を利用した療法は、じつはたいへんに古い歴史をもち、すでに古代エジプト、古代中国などで盛んにおこなわれていたものが、現代に復活したといわれている。

古代においては、木の香りや芳香性植物の匂いを嗅がせたり（聞香法《もんこうほう》）、舐《な》めさせ

たり（ハーブなど）、匂いに触れさせたり（森林浴など）、さまざまな方法がおこなわれていたようだが、これを医学的に確立しようとしたのが、アロマテラピーである。

過密化、複雑化した現代社会に生きる人にとって、ストレスの発現は当たり前のようになった今日、不定愁訴《ふていしゅうそ》に悩む半健康人がたいへん多くなってきた。それらの治療にこの療法が効果あるとして、活用されているのである。

アロマテラピーの原理を説明するのにちょうどよい身近な例では、疲労したときに香《こう》の優雅な匂いを嗅ぐと、精神的にその疲れが癒やされ（精神の安定）、鰻屋や焼き鳥屋の前で旨そうな匂いを嗅ぐと、消化器系が刺激されて空腹感を覚える（食欲の高揚）、などである。

正月には七草というのがある。この日は昔から「せり、なずな、ごぎょう、はこべ、ほとけのざ、すずな、すずしろ」の七草の若菜を粥に煮込んで食べる日である。これらの草は、すべて越冬性の強い植物で、冬枯れの季節に青ものを補給できるという、栄養的にも理にかなった行事である。これを食せば、万病に効くと信じられてきた。

なかでも芳香性の高い芹《せり》は、とくに珍重されるが、その匂いの成分は、ピネン系やフェノール系化合物。これは心身ともにハツラツとさせる薬効をもっている。七草粥の嘉例《かれい》は、すでに平安時代にあったが、『延喜式《えんぎしき》』によると、当時は「米、大麦、小麦、粟《あわ》、黍《きび》、大豆、小豆」の七穀での粥であった。

今日のような五節供のひとつとして、七種の草を粥《かゆ》に入れたのは、江戸時代からである。以来、ひろく全国各地でおこなわれた。『幕府年中行事歌合』によると、徳川家では「七種の御祝儀」と唱えて、将軍はじめ重要な家臣一同が七種の若菜粥を食し、諸侯は登城して祝儀を言上するのが式例であった。

また日本には、餅に蓬《よもぎ》を入れた草餅や草団子がある。蓬はキク科の多年草で、キク科に共通する特有の強い快香がある。

この匂いの本体は、テルペン系のテルピノール、クリザンテノン、カンファーなどだが、これらの成分は山間の森林浴にも共通してみられる匂い成分で、やはり気持ちを快適にする作用を有している。『延喜式』の「典薬寮」の中に、菊や蓬が薬餌《やくじ》としてすでに用いられていたことからみても、日本人の知恵は賢い。

貝原益軒は『養生訓』（江戸時代）の中で、「香は正気を助け、邪気を払い、悪臭を消し、けがれを去る。たまには植物の匂いや香を薫いてそれを味わい、心を養なえ」と訓じている。

5月5日の端午の節供に、家々の軒に蓬や菖蒲《しょうぶ》をさしたり、湯に入れたりするのも、また秋に菊湯に入ったり、菊酒を飲んだりするのも、それらの植物から出る匂いには、邪気を払う神秘的な力があるとされたから。

それを体に摂《と》り入れれば、病気にかからず延命になるという、昔からの知恵が教えた習慣であって、これは、日本古来のアロマテラピーなのである。

紙餅

栄養のない和紙を煮て食べた先人たち

【健康効果】奉書紙を餅に加工し、その食物繊維を摂ることで、腸内環境を整えていたようだ

牛蒡《ごぼう》は、日本人だけが食べる根菜である。ヨーロッパ、シベリア、中国北東部にその野生原種がみられるが、日本にはない。わが国には、平安時代の初期に薬物のひとつとして大陸から渡来してきた。中国では、漢方薬の原料に使われる程度で、食用としての例はほとんどない。

牛蒡は、難消化性多糖類の繊維素が主体なので、食べても消化せず、胃腸を通過するだけ。したがって、栄養源にはならない。

ところが、その牛蒡の繊維素は、白米や肉などに比べ20〜30倍もの水を吸収して膨《ぼう》潤《じゅん》し、腸管を通過する際に内部を清掃し、お通じがよくなることは、昔からいわれているところだ。

そのうえ、繊維素は体にとって有益な腸内細菌を多く増殖させる場ともなるから、腸に侵入した腐敗菌や異常発酵菌の増殖を抑えるとともに、そこでさまざまなビタミ

ンを生合成するため、体はそれを吸収し利用しているのである。

さらに、繊維素は胆汁酸の分泌を多くして、脂肪の分解やコレステロールの過剰を抑えるのに効果ありとされるなど、栄養価ゼロの食材が、じつは体にたいへん役立つものであることがわかっている。

日本には、この牛蒡の例のように、栄養的には無駄な食べものでありながら、じつは貴重な価値をもっている食材がずいぶんと多い。薊《あざみ》の根、ぜんまい、蕨《わらび》、土筆《つくし》、筍《たけのこ》、蓮根、糸瓜《へちま》、蕗などは、いずれもその仲間である。

なかでも蒟蒻《こんにゃく》は、多くの話題をもっている。主成分が多糖類の一種マンナンで、人間はこの成分を消化吸収できないから、低カロリー食品の代表格とされている。そのうえ、このマンナンは水にあうと、みるみる膨潤して膨れあがり、蒟蒻となってからは、その97％が水分という水ぶくれ状態。カロリーはゼロに等しい。

その性質を利用して、古来から「砂払い」といって、腸管の掃除役に重宝した。家の大掃除の後、体に吸い込んだ埃を取り出そうと、蒟蒻を食べさせられた記憶も古くはない。

このように日本人が、いっけん無用と思われる食べものを好んで食してきた背景をよく物語るものとして、江戸時代に食べられていた、きわめて珍妙な料理を一例あげてみよう。この料理の驚くところは、なんと栄養などまるでない和紙を食べてしまうところにある。

秩父の紙漉き／『新編武蔵国風土記稿』（江戸後期）

「奉書紙を三日ほど水に漬《つけ》、成《なる》ほど能《よく》たたきつぶし、葛《くず》を合《あわせ》て味噌にてこね　能程《よくほど》に切《きり》て味噌汁にて煮る此《この》餅を食する者は　年中悪病を除く也」

これは明和元年（１７６４）の『料理珍味集』に記載されている一節である。

奉書紙の原料は楮《こうぞ》の繊維だから、すでに日本人はこのころから、今日、重要視されている食物繊維（ダイエタリー・ファイバー）を意識的に摂り入れ、腸管への刺激による便秘の防止や、腸内細菌のコントロールをしていたことが推察されるのである。便秘の薬や整腸剤などのなかった時代の、まさに理にかなった知恵である。

このように牛蒡も蓮根も筍も蕨もぜんまいも、そのほとんどが繊維素を食べることだが、いまひとつ大切な共通点をもつのが「歯ごたえ」である。

日本人は昔から、歯ごたえのある硬さもひとつの風味の要素として重宝してきた。ゆえに、これらの食物が口に入ってからの物理的感覚（テクスチャー）は、日本人にピッタリの好みともなって、大いに食されるところとなった。

だから、牛蒡ではきんぴら、蓮根では胡麻和えといったように、これらの根菜にはなるべく繊維をいためることなく、そっと調理する方法がとられているのである。

五の膳
日本酒の余徳

燗酒

ちろりや徳利の登場で湯煎が一般化した

【健康効果】燗をするのは、口当たりがよくなり、寒季の体を温め、悪酔いしにくいから…

日本酒が、いつごろから「燗《かん》」をして飲まれるようになったのか、定かなことはわかっていない。燗についての文献上の初見は、平安時代中期に成立した『延喜式《えんぎしき》』で、「土《ど》熬鍋《こうなべ》」という記述がある。

土熬鍋というのは、小さな銅製の鍋なのだが、ここに酒を入れ、直接火にかけて温めていたと考えられている。このような酒の温め方を「直鍋《じきなべ》」または「直燗《じきかん》」という。

燗という字が最初に見られるのは、江戸時代初期の『醒睡笑《せいすいしょう》』とされる。そして江戸初期から中期にかけてのころには、すでに酒を温める専用の鍋として「燗鍋《かんなべ》」が登場し、井原西鶴の『好色一代男』には「女郎の手つから燗鍋の取まはし」という条が出てくる。

燗鍋の材質は鉄であったが、中世から江戸時代にかけて、一般には、炊事用の鉄鍋が酒を温めるのにも使われていたようだ。

ところで、日本人が燗をして酒を飲んだのは、9月9日の重陽の節供（菊の節供）から翌年3月3日の桃の節供までの寒い時期だけだったともいわれ、燗酒とはいわずに「煖酒《あたためざけ》」と呼んだという。一年じゅう燗をするようになったのは、江戸も中期以後とされている。

また、その中期以後には、大型だった徳利が一合入り、二合入りというように手頃な大きさになり、ひろく普及していたが、同時にこのころから、湯煎《ゆせん》方式による燗が一般化したと考えられている。鉄鍋に酒を入れて直火で温める直鍋方式では、酒の温度の加減がむずかしいが、湯煎なら調節しやすい。ちろりや小型の徳利は、湯煎にもってこいの容器だったわけである。

燗鍋で酒を温める遊女／『林間煖酒焼紅葉』鈴木春信

では、なぜ日本酒は燗をして飲まれるようになったのか。燗は、世界の飲酒方法から見ても、きわめて珍しい飲み方だとされる。燗をするようになった理由についての明確な答えは、どの文献にも記されておらず、いまもって謎のままだ。

ただ、燗が当初は、寒い時期だけだったということから、体を温めるためだったのではないかとする説が有力である。

中国では古くから、寒い時期には温酒、暑い時期には冷酒として飲んだという記録があり、白楽天の有名な詩の一節に「林間煖酒焼紅葉」というのがある。

また、日本で酒を温めた別の理由としては、東洋的な医学思想が背景になっている、とする説もある。たとえば、『養生訓』には、冷酒は体によくないと書かれている。

そのほか、夏を越して熟成させた寒造りの酒は、燗をすると口当たりがよくなり、コクも出るからという説や、燗をしたほうが、ゆっくり飲むので悪酔いしにくいからという説などがある。

強壮酒

ひれ酒、骨酒、甲羅酒、野鳥酒…

【美味賞嘆】熱々の酒に魚や鳥のうま味が溶けだして、野趣あふれる独特の味わいの日本酒に

「ひれ酒」の代表的なものは、乾燥させた河豚《ふぐ》のひれを用いたものだろう。ひれを強い炭火などで焦《こ》がし気味にあぶって、蓋つきの器に入れ、ここに、すぐは飲めないほど熱々に燗をつけた日本酒をそそいでつくる。

ひれに含まれるコラーゲンやアミノ酸など、特有のコクやうま味成分が溶けだして、時間がたつにつれて燗酒が琥珀《こはく》色に変わるが、生臭くないため酒本来の風味を損なうことはなく、香ばしい香りもよろこばれる。

また、河豚は淡泊な魚なので、脂が浮くこともない。幅のひろい尾ひれを、水洗いしてから串に刺し、天日で素干しにしたものが最上とされる。河豚のほか、クエや甘鯛のひれも用いられる。季語は、むろん冬だ。

「骨酒《こつざけ》」には大別して、二とおりのつくり方がある。ひとつは、焼きものにした鯛や甘鯛などの骨をふたたび火にかけて焦がし、器に入れて、熱燗にした日本酒をそそい

だもの。骨や骨髄から滲出《しんしゅつ》するうま味が、酒のうま味とよく合う。一般には白身の魚がむくとされ、鮃《ひらめ》や鯒《こち》などの骨でも賞味される。

もうひとつの骨酒は、淡水魚を一尾丸のまま塩焼きにし、焼きたてを丼や大鉢に入れて、熱燗の日本酒をそそいだもの。魚肉のうま味が、そのまま酒の中に引きだされる。古くから山間の渓谷などでおこなわれてきたもので、熱いところを回し飲みするなど、野趣あふれた楽しみ方といえる。

東北、中部を中心に全国にひろくその例がみられる「岩魚《いわな》の骨酒」は、その代表的なものである。ほかに、山女《やまめ》や鮠《はや》、鮎《あゆ》などがよく用いられる。

「甲羅《こうら》酒」は、茹《ゆ》でた蟹の甲羅をはずして、熱燗にした日本酒をそそいで、甲羅を盃として飲む。蟹味噌や卵のうま味と風味が酒に移り、独特の味わいとなる。酒をそそいでから甲羅ごと炭火などであぶると、甲羅の焦げた匂いが、うま味をより引き立てる。

また、野鳥の肉を酒に加えた強壮酒もあった。これはまず、野鳥の翼をとり、これの中節から先を細かに叩き、塩と酒を少しずつ加えながら炒る。これを酒に入れて、ほどよく燗をして飲んだのが「羽節酒」である。

「雉子《きじ》の爪酒」は、雉子の腸をしごいて汚物を取り去り、少量の味噌を加えて丹念に叩いて混ぜ、これを雉子の脚や股に塗って火にあぶった後、それをさらに叩いてから炒り酒、すなわち酒を鍋で煮詰めたものに加え、燗をしたものであった。

　雉子の肉は、野鳥の中でも抜群に美味とされる。その肉のうま味を酒の中にしみ出させて、いっそうこくの増した酒をじっくりと味わったと思われる。ほかに鴨、鶏、鶉《うずら》、鷹なども、雉子酒のようにして楽しまれていた。

「鶴酒」という、すごい酒もある。いまでは限られた地域にした生息していない鶴だが、その昔は、鷹狩りの格好の獲物《えもの》とされた。九代将軍・徳川家重が治世の初めにこれをおこなって、獲物の鶴を朝廷に献じたという記録が残っている。

　捕らえた鶴は、鷹匠《たかじょう》が将軍の面前で刀をとって左の脇腹を割《さ》き、臓物《ぞうぶつ》を出しては鷹に与え、腹には代わりに塩を詰めて縫い合わせ、昼夜快走の早便で京都に送ったという。沿道ではこれを「お鶴様のお通り」と称し、丁重《ていちょう》に見送ったそうだ。

　その鷹狩りの行事では、鷹野に菰樽《こもだる》2本が据え置かれたが、獲物の鶴の首に刀を入れて流れ出る血を酒樽に搾《しぼ》り込み、これを「鶴酒」と称して、お供の者たちに振る舞ったという。

屠蘇

悪鬼を退け、魂を蘇生する霊酒

【健康効果】各種の生薬を酒に浸して、その成分を滲出させた薬酒。無病を願って元旦に飲む

「屠蘇《とそ》」は正月、年頭に当たって向こう一年間の邪気を払い、延命を願って飲まれる薬酒のこと。屠蘇酒ともいう。正月松の内の祝儀に用いられる代表的な酒である。

もともとは中国で起こった習慣であり、その発生年代などについては諸説があるが、古代の中国、三国時代の最強国であった魏《ぎ》（２２０〜２６５）の名医で、麻沸散《まふつさん》という一種の麻酔薬を用いて外科手術をおこなったとされる華陀《かだ》が考案したという説が有力だ。わが国へは平安時代に伝わり、しだいに民衆にも浸透していって風習化した。

正式な屠蘇は、桔梗《ききょう》、防風《ぼうふう》、山椒《さんしょう》、肉桂《にっけい》、白朮《びゃくじゅつ》の５種類の生薬を酒に浸し、その成分と香りを滲出《しんしゅつ》させたもので、これらの生薬を配合したものを「屠蘇散」と呼ぶ。

また、屠蘇散の一種に、山椒、防風、肉桂、桔梗、細辛《さいしん》などを調合したものもあり、こちらは「白散《びゃくさん》」といった。

ちなみに、屠蘇の習慣は中国・唐代に始まるという説では、先に挙げた屠蘇散の５

種類の生薬に、さらに大黄、虎杖《いたどり》、烏頭《うず》を加えた8種を配合して「八神散《はっしんさん》」と呼んでいる。

そして、その薬酒を考案したとされる仙人の住む庵の名が「屠蘇庵」だったので、そこから、この薬酒を屠蘇と呼ぶようになったとする。唐代の字典である『唐韻《とういん》』には、「屠蘇とは草庵の意」とあるという。

伝統的な屠蘇の作法は、まず三角形に縫った赤い絹の袋に屠蘇散を入れ、大晦日《おおみそか》の晩に井戸の内側に吊《つ》るしておく。元日の早朝にこれを取り出して酒に浸す。雑煮《ぞうに》の前に一家そろって東の方角を向き、年少者から順に「一人これを飲めば一家疾《くるしみ》なく、一家これを飲めば一里病なし」と唱えて飲み、松の内がすぎてから袋の中の薬滓《やくし》を元の井戸の中に投じる。この井戸水を飲んでいれば、一代の間無病であるとされた。

元禄一〇年（1697）刊の本草書『本朝食鑑《ほんちょうしょくかん》』には、「わが家の用法では、赤木・桂心《けいしん》各七分半、防風一銭、菝葜《はっかつ》五分、山椒・桔梗・大黄各五分、烏頭二分、赤小豆《あずき》十個を三角形の絳嚢《あかいふくろ》に盛り、除夜に井底に懸け、元旦に取り出し、酒に入れて数沸煎《に》る。一家を挙げて東に向き、年少者より長に至るまで順次これを飲む。薬滓《やくし》は還《ま》た井中に投じて、歳毎《としごと》にこの水を飲めば一世無病である」とある。

現代では、袋詰めの屠蘇散が市販されて便利になり、酒も口当たりのよい味醂が用いられるようになったが、およそ薬効は忘れられ、たんなる形式にすぎなくなっている。

菊酒

心身を癒やしてくれる和のリキュール

【健康効果】菊の花びらを焼酎に漬け込んだ薬酒は、眼病、婦人病に効果があるとされた

菊は、キキョウ目キク科に属し、中国から渡来した鑑賞用草木。その種類の多さでは群を抜き、軽く200種を超すともいわれている。日本には早くから渡来し、9月9日に菊花の宴が開かれ、この日の酒を「菊酒《きくざけ》」と名づけ、延命の縁起酒としたのである。

江戸時代のころから品種の改良が続けられ、今日では観菊会、菊花展、菊人形そして皇室の御紋ともなって、すっかり日本の代表的な花になってしまった。菊は薬餌《やくじ》として長く用いられたこともあり、今日、菊を食するのは、この習慣が伝えられてきたものといわれている。

料理用の菊は、津軽の八重大輪の黄菊が有名で、生花をそのまま少量の塩を加えた熱湯にくぐらせ、浸しものや酢の和えものに使う。貯蔵の場合は花を蒸して乾燥するが、これを「菊海苔」という粋な名前で呼んでいて、長い保存に耐える。なお菊の花

を塩漬け、粕漬け、味噌漬けにした「菊漬け」があるが、やはり菊の香りを選ぶなら塩漬けに限るという。

江戸時代の塩漬けは、八分どおり開花したものを萼《うてな》のついたまま採取し、水洗いして笊《ざる》にあげたら、薄い食塩水を沸かした中に入れて、長い竹箸でかきまわす。

これを陰干しにして甕《かめ》に入れ、7％くらいの食塩水を煮沸して冷ましたものをそそぎ入れ、少量の焼明礬《みょうばん》を加える。花が浮きあがらぬ程度に押し蓋を当てて軽い重石をかけ、目張りをして貯蔵。こうすると、花の色が鮮かに保たれ、三杯酢などで調理して食べたという。

江戸時代以前から菊の花を酒に浸した「菊花酒」が、体や心を癒やすというのでよく飲まれてきた。江戸時代の『本朝食鑑《ほんちょうしょくかん》』にしたがえば、菊花酒には2種あって、ひとつは「菊漂水を用いて酒を造る」とあるから、加賀の菊酒の流儀である。

もうひとつは「菊花を用いて、焼酎中に浸し、数日を経て煎沸し甕中に収め貯え、氷糖を入れ数日にし成る。肥後侯之を四方に餽《おく》る。倶《とも》に謂ふ目を明にし頭病を癒し、風及婦人の血風を祛《ほうむ》ると」とあり、焼酎に浸すようなつくり方が書いてある。

また『手造酒法』には「菊酒　一白夏菊五升、一上白餅米八升、一白糀八升、一しゃうちゅう一斗二升、右米を常のごとくむして酒ともみ合せ桶のそこにひとえおき、其のうへに菊をひとえおき、だんだん右のごとくしておしつけ、焼酎を入れ、桶のふたすかぬようによく張、三十日程すぎてよくこしてよし」。

さらに一説に「菊花舒《のぶ》る時、花も茎もともに黍《きび》米にましへてこれを醸し、来年九月九日に至りとり出してこれを飲む」とある（『続江戸砂子』）。いずれにしても、菊の花の滲出《しんしゅつ》酒、いまの言葉では一種のリキュールのようであった。

いっぽう、菊花酒ではなく「菊酒」というのも、江戸時代に流行している。『尺素往来《おうらい》』には「越州、加州等が有名だった。加州宮越とあるはいまの石川県金石港で、ここが菊酒醸造の中心であった」という。さて菊酒とは、要は加賀の銘酒のことだが、その由来にはいろいろの説がある。『周遊奇談』によれば、「加賀の国つる来という所（いまの鶴来と思われる）に米屋といえる酒店で作る名酒を菊酒とよぶ」としてある。けだし、この町を流れる白山川の清流、その源にはしら山の菊の谷があって、この谷は両岸一面に黄菊が咲き乱れ、その露、おのずと河水《かすい》に混じて流れるから「酒造りには無類の名水、和漢ともに寿を延ぶること世にしる所なり」としている。

また、『北国巡杖記』には「加州金沢浅野河の水源に、白菊の淵という所あり、四時ともに白菊咲きあひ」とある。あるとき太守《たいしゅ》が家臣に、この菊を採りにやらせると、にわかに霧がかかって難行する。長櫃《ながびつ》に入れてやっと持ち帰り、君に奉《たてまつ》ろうと、あけてみると菊はなく「一枚もあらばこそ、白露みだれ、にほひのこりて片腹いたき振舞なり」。

太守は、これは仙人が菊を惜《おし》んだのであろうとした。

「この川水に菊の滴り流れ込みて、菊の水なるとて、金沢の酒家に汲み運び、普《あまね》くこれにて酒を製すれば、盃にうけたる酒の滴りのこりて、菊の文あざやかに残れば、されは薬の菊の水なりとて、人々菊酒と称し、国産の随一とはなり侍りぬ」

風流な話だが、どれも同じような内容。加賀の名酒を「菊酒」と風雅に呼んだのであろう。

酒に徳あり

酒好きたちが称賛した「十の効用」とは

【美味賞嘆】酒を敬い、酒の心を知り、わが心を酒に照らし合わせて、体の中に酒を入れよ

江戸の世に『酒餅論《しゅべいろん》』という、一種の知的ゲームのような対論の書があった。これは、餅《もち》が好きな人と酒が好きな人たちが集まり、餅組と酒組の二手にわかれて、餅と酒のどちらがすばらしいか、また相手には、どんな欠陥があるかなどの議論を戦わすというものだ。

その様子は、ニュースで見るイギリス議会の様子を思い浮かべるといいだろう。与党議員と野党議員の双方がむかい合って、丁々発止ディスカッションをするあれを、江戸時代の日本人がやったのである。

一方には「餅が好きで酒が嫌いだ」という甘党が座り、もう一方には「餅なんてとんでもない、酒だ」という辛党が座る。そして、餅党は酒の悪いところと餅のいいところを論じ、酒党は、餅の駄目なところと、酒のすばらしさを主張する。これが『酒餅論』である。

最終的には「酒も餅も、ほどほどがよい」というあたりで決着がつくのだが、いかにも知的なやりとりである。酒餅論の起源はかなり古いようで、室町時代の狂言に『酒餅』というものがある。このあたりから、ずっと受け継がれてきたのだろう。

さて、この『酒餅論』の結論の中に、酒組のつくった「酒の十徳」というものが出てくる。これは酒のもつ10の効用を並べあげて、酒を称賛したものである。十徳とは、つぎのとおりである。

第一の徳は「酒は独居の友となる」。つまり独り寂しいときに、酒は友人のように自分を励ましてくれるというものだ。

第二の徳は「万人和合す」。酒は上下のへだたりなく皆が一堂に交わえる。

第三の徳は「位なくして貴人に交わる」。酒は偉くない人でも偉い人に近づける。

第四の徳は「推参《すいさん》に便あり」。すなわち祝いや見舞い、土産などにもっていくと、たいそうよろこばれる。

第五の徳は「旅行に慈悲あり」。旅の先々でいろいろなことがあっても、それを慰めてくれる。

第六の徳は「延命の効あり」。上手に飲めば、長生きできる。

第七の徳は「百薬の長なり」。ほどよく飲んでいれば、健康を保ち、延命の効果さえある。

第八の徳は「愁いを払う」。いやなことを忘れさせてくれる。

第九の徳は「労を助く」。疲れた体を癒やしてくれる。

第十の徳は「寒気の衣となる」。寒いときに飲めば、ちょうど衣を着たようなもので、体が温まる。

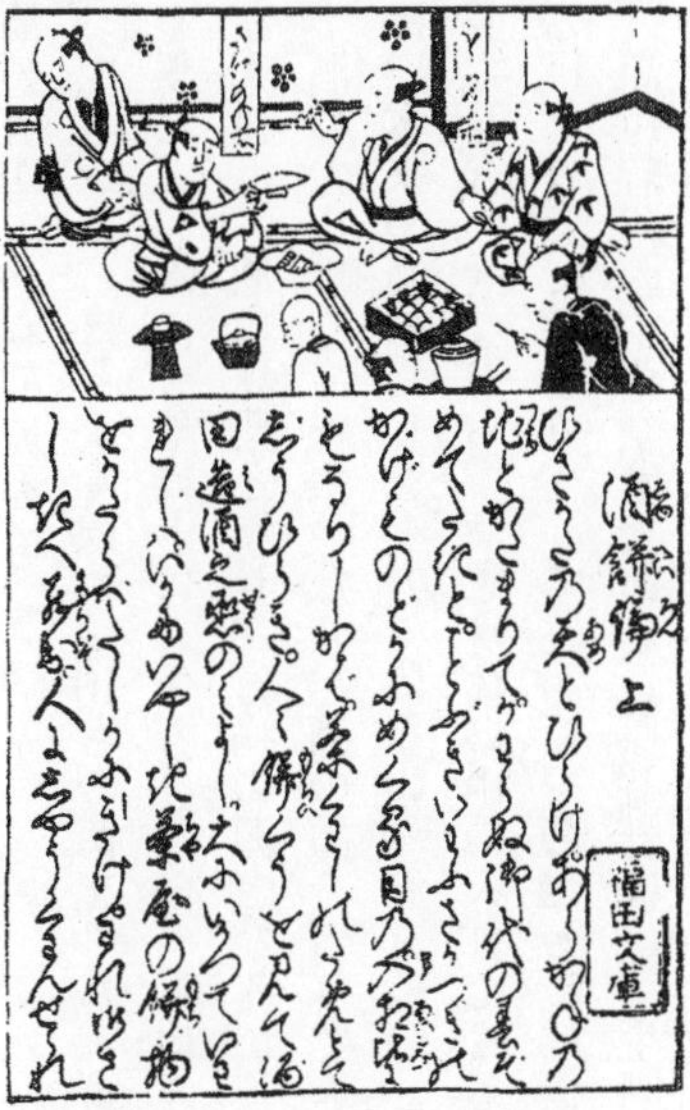

下戸と上戸の闘論／『酒餅論』

どうだろうか。昔の人は、このような十徳をつくって、酒を敬っていたのである。もっとも「酒には十徳がある」と決めつけている古文書ばかりではなく、「害のあるものだ」と記しているものも少なくない。そこには「狂水《くるいみず》」「地獄湯《じごくとう》」「狂薬《きょうやく》」「万《まん》病源《びょうのもと》」などといった言葉で、酒の害が説かれている。

たしかに、ほどよく飲めば10もの徳をもち、百薬の長となる酒であっても、飲み方を誤れば狂水にも地獄湯にもなろう。いっき飲みや、自己中心的な飲み方をするような人には、酒は狂薬となり、万病の源となるに違いない。

酒の力を借りて威張ったり、酒の力を借りてストレスを発散したりといった飲み方は、本来の酒のたしなみ方ではない。酒を敬い、酒の心を知って、自分の心をそれに照らし合わせながら、酒を身体の中に入れてやる。それが酒飲みに必要な心なのである。酒は心で始まり、心で終わるものだと私は信じている。

江戸時代の本草学者である貝原益軒は『養生訓』で、つぎのような名文を訓じた。

「酒は少し飲めば陽気を補助し、血気をやわらげ、食気をめぐらし、愁を去り、興をおこして役にたつ。しかし、たくさん飲むと酒ほど人を害するものはほかにない。ちょうど水や火が人を助けると同時に、また人に災いをするようなものである」

宿酔

二日酔いのときは長唄の二曲も歌うべし

【健康効果】江戸の武士が実践した二日酔いの予防法と回復法は、まことに理にかなっていた

武士だからといって、いつもいつも堅苦しい酒宴ばかり催しているとは限らない。友と気楽に飲《や》ることも日常茶飯であり、ついつい飲みすぎて泥酔《でいすい》し、翌日には余酔《よすい》、いわゆる宿酔（二日酔い）に苦しんだ武士も多かった。そこで江戸時代には、「武士の酒飲み法」といったハウツー書まで刊行されていたが、その内容がなかなか奇抜で、ユーモアさえ感じられるものであった。

たとえば、文化二年（１８０５）に出された『武家飲酒肝要記』を引き合いに出して、そのあたりを少し紹介してみよう。

まず「余酔予防の法」。すなわち二日酔いにならない方法というのがあって、これがなかなかユニークで、現代医学からみてもうまく説明がつくので感心させられる。

その極意のひとつに「背を丸めて飲むことは甚だ不可である。必ず背筋を伸ばし、正しい姿勢で嗜む可《べ》し」と説いている。これは今日の医学でも説明がつく。背を丸く

してコセコセと飲んでいると、体内に送り込まれる酸素の量が少なくなる。
　これに対し、姿勢をピンと張って飲むと、酸素が多くなる。呼吸のとき、呼気とともに体内の未消化の酒精分の一部が排出され、さらに体内に新鮮な酸素が供給されるので、酒精の体内酸化分解も促進され、酔った体に優しさが加わるようになるのである。

　武士とはいえ、ときには飲みすぎて地獄のような状態に陥った者も結構いたようで、『武家飲酒肝要記』の中には、強烈な二日酔いに罹《かか》った者に対して、少しでも早く治癒して平常に復帰するようにと、なんと長唄《ながうた》をうたって二日酔いを治す方法が載っている。

「余酔を醒ますときには力抜きて正座し、心を平静にして長唄二曲を歌うべし。筑波山嶺よし潮之松風またよし。深く呼吸をして肺臓に気の相を満たしたる後、ゆるりと歌いながら少しずつ吐気すべし。また歌詞の次なる一節始むるときにも同じ法で続けるべし。これを繰り返し行えば体から酒毒抜けること妙なり」

　正座して深呼吸をしながら「筑波山嶺」や「潮之松風」といった長唄を繰り返し歌えば、二日酔いの因《もと》は体から抜けていくというのである。これは、体に酸素を供給して回復を早めることを狙ってのことであろう。

調べてみると、この長唄二曲は、いずれも深く息を吸って、静かに吐き出すとき、それに乗じて発声する唄である。だから、体内に滞った酒精は、おのずと吐息とともに排出されるといった、じつに理にかなった療法といえるのだ。

千住の酒合戦／『擁書漫筆』小山田与清（江戸後期）

また、飲酒前または飲酒中、飲酒直後の「秘法」を施すこともある。酩酊《めいてい》予防法とでもいうもので、「体に溜まる酒毒を速やかに退散させる術は、汁粉《しるこ》、干乾芋《ほしいも》、干柿、羊羹《ようかん》、落雁《らくがん》、甘酒、餡の類の如き甘味の料を宴前、宴中、及び宴後に摂るべし。酒毒溜めず醒著すること不思議なり」とあるのだ。

酒が体に入ったときには、甘いものを食べておけば、酔い覚めが著しく速いということを説いているわけだが、この理由も現代医学で説明される。

すなわち、酒精が体に入って、主として肝臓で分解されるときは、グリコーゲンという物質を大幅に消費するため、血糖値が下がって肝機能を低下させる。このような場合に、糖の補給は効果てきめんである。

じつは私の友人の一人に、売り出し中の若い作家がいるが、これが抜きん出た酒好きで、あるとき、例によってしこたま飲んだ。しかも、この日ばかりは、いつもの飲みすぎとは比較にならない泥酔で、仲間に担《かつ》がれて家に運ばれていったそうだ。

待っていたのは、翌日の恐ろしくも激しい二日酔い。昼ごろまで半死状態で寝込んでいたそうだが、午後も吐き続けて衰弱。介抱していた仲間たちもさすがに心配になり、ふたたび、その仲間たちに担がれて、今度は病院にいくことにあいなった。そして、病院での最初の処置は、ブドウ糖と果糖溶液の注射であった。

そういえば、同じ『武家飲酒肝要記』の中に、これから外で宴会があり、大いに酒を飲まなければならないとき「袂《たもと》へ懐中汁粉《かいちゅうしるこ》をば忍ばせ、それを携えて参る可し」という一節もある。はたしてその「懐中汁粉」とは、そもそも何なのか調べてみると、これが意外や意外、即席お汁粉だったのである。

江戸時代にインスタント食品があったとは、ちょいと驚きだが、これは本当の話。「最中《もなか》」というお菓子をご存じだと思うが、糯米《もちごめ》をこねて薄く延ばし、丸く切ってから焼いて皮とし、これの二片を合わせた中に餡《あんこ》を詰めたものである。

で、くだんの懐中汁粉だが、餡を火に当てて乾燥させたものが、最中の中に入っているというアイデア品。酒を飲む直前や飲み終わった後に、椀にこの懐中汁粉を入れ、上から湯をそそぐと、たちまち甘い汁粉ができあがる。

酒を飲んだ後などは、血糖値が下がってくるから、体が糖分を欲しがっているところへ、この汁粉が入ってくることになり、格別に旨かったであろうことは想像にかたくない。

酒道 —武家流・二人盃

二人の武士、双方の心がひとつになる

【精神修養】誓いを立てる、約束する、貸借する、別れる…とき両者はどう酌み交わしたか

いまでは、その名称までもがまったく途絶えてしまった修道《しゅうどう》（その道を学び修めること）に「酒道」がある。茶道や華道が今日に残って栄えているのに、いつ、どこで、どんな理由によるのか、誰も知らぬまに消えてしまった幻の修道である。

室町末期から江戸時代に起こったといわれるこの酒道は、酒のつぎ方や飲み方、返杯の仕方、酒膳の配り方など、酒席における礼儀を作法としようというもので、公家《くげ》流、武家《ぶけ》流、商家《しょうか》流の三つの流儀があったとされる。

公家流は、精神を統一しての、一定の流儀の下での「唎酒《ききざけ》」の競技。武家流は「二《に》人盃《にんはい》」や「主人設《あるじもう》け」に代表される、複数人あるいは集団での酒席をとおしておこなわれる精神の修養。商家流は、酒席における酌の仕方や礼儀作法などを目的におこなわれており、酒を飲んでその酔いを楽しむだけでなく、必ずそこに礼儀を忘れず、精神の修養をしようとする心が込められている。

私はこれまで、謎とされているこの「酒道」について、主として残された古文書を中心に調べてきた。ここでは江戸時代に成立した「武家流の酒道」と「商家流の酒道」について紹介することにしよう。この二つの流儀は、江戸初期から幕末まで続けられたが、明治時代に入って忽然《こつぜん》と消えてしまったのである。

武家流の酒道には、「二人盃」と「主人設け」の二つの仕方があった。まず「二人盃」という二人の武士による酒道。二人盃を張るのは、互いが何事かを誓い合ったり、約束したり、物を貸し借りしたり、初対面のときであったり、逆に別れ酒といった場合に多かったようである。

仲人役の者が酌手《しゃくしゅ》になって、二人のあいだを取りもつのだが、この酒宴において大切なのは、双方の武士の心がひとつになること。真ん中に仲人をはさみ、膳を前にして向面する格好で着座し、目と目が真正面にくるようにする。

そして、二人の動作はつねに同じであるか、あるいは一方がひと呼吸おいて追随するかで動く。たとえば、仲人が両人に酌をすると、二人は同じタイミングで盃を口に運び、早くもなく遅くもなく、息を合わせていっしょに飲むわけである。

二人の盃のやりとりは、仲人が定まった流儀に則《のっと》って進めるが、ときには双盃などという、まことにもって珍しい盃も登場して、ますます妙なのである。双盃とは、二つの盃がひとつの盃台の上に載せられており、しかも盃は、盃台に固定されている。

これに酒をそそがれると、二人の武士は左右別々の盃に、どうしても同時に口をつけて飲まざるを得ないという仕掛けものなのである。今日のこのような盃があったならば、結婚式の際、新郎新婦がひとつの心となって愛を誓う三三九度の酒盃として用いれば、うけること間違いないと思う。まあそれはおいておくとして、とにかく二人盃の酒道は、厳《おごそ》かな中に江戸武士の心の中の世界を彷彿《ほうふつ》とさせるに十分なほどの道義であった。

酒道
―武家流・主人設け

仲間意識、連帯感を養う酒宴

【精神修養】酒席は武士にとって礼儀作法の場。流儀に則《のっと》った厳格な宴が、乱れなく進行した

武士の酒道における「主人設け」とは、どういうものだったか。記録によれば、こちらは何十人という武士たちが一堂に座して、厳かなうちにも気品に満ちた酒宴が執りおこなわれた。そのひとつ、文化一二年（１８１５）に江戸蠣殻《かきがら》町の筆頭奉行、加藤治郎左衛門が主催した集団酒道は、その内容進行が比較的くわしく記録されている。

集団で酒を飲む際、特別の目的がない限り、多くはそう形式じみたものではなく、一般には、まず主催者の挨拶があり、つぎに開宴となり、途中、謡《うたい》ものや肴舞《さかなまい》があって、盃をやりとりしながら、最後は自然に流れてお開きになる。

じつは「主人設け」（「餐設け」とも書く）は、最初は、主人が日常世話になっている人や使用人、親戚、友人、隣近所などを客人として迎え、酒肴を振る舞ってもてなす習慣があった。そのとき「酒」は、主人と客人との間に立って、「それまでの感謝や、これからもひとつよしなに頼むといったことを伝える役割」を担うのだが、ここ

でいう武士の「主人設け」の場合は、これとはかなり性格を異にするものであった。

彼らは酒宴を、一種の礼儀作法の場とこころえ、武士道精神を根底においた気持ちで、厳かにおこなう。それを通じて、仲間意識や連帯感を養おうとしていたのである。それは、これから述べる「廻り盃」という盃の流れ方などからもうかがえるが、とにかく、そうした背景があって、加藤治郎左衛門の酒宴は、大略、つぎのようなものであった。

まず、大広間に御膳と小盃が、左右二列に向かい合って配られる。膳には肴が盛られている。主人の治郎左衛門は「座主《ざす》」と呼ばれ、両列の最上座の中央、客を見わたせる上座にすわる。客の武士たちは、互いに向き合った状態で膳の前につく。座主は、「御餐《みあえ》」と称する武士ふたりを左右に従えている。

この御餐という役が、たいへんだった。主人に代わる接伴《せっぱん》役だが、主人はこの酒宴をずっと見とどけるために、座を離れることができない。そこで主人になりかわって、客と盃のやりとりをする役目なのだ。まあ主人のための酒飲みの影武者みたいな存在と考えてよく、したがって、酒がそうとうに強い者でなければ、御餐は務まらない。

宴の進行は「肴司《さかなし》」と呼ばれる、いまでいえば司会者によって進められた。彼はもっとも下座、座主からいちばん遠いところで、座主のほうを見る位置につく。

酒宴の進行速度や、つぎの盃廻しの合図などは、すべて座主がこの肴司にサインを出すから、それにしたがって、肴司が場を進めていく。座主はさしずめ、オーケストラの指揮者というわけだ。

いよいよ武士たちによる「廻り盃」が始まる。まず、左右ふたつの大盃には、御餐によって酒が満たされる。肴司が「盃下ります」というと、上座から下座に向かって大盃が下っていき、客が一人一人、順々に飲みまわしていくのである。

正しい酒の飲み方（酒道）を教える様子

大盃がいちばん下まで着くと、「上《のぼ》り盃《はい》」または「上《あ》げ酌《しゃく》」といって、今度は下から上に、ふたたび飲みまわされながら、大盃が上がっていく。

その間、客はきわめて上品に膳の肴を少しずつ食べる。ハイペースで食べつくしてしまうなどということはなく、そこは呼吸をはかって、まことに武士的である。

「下り盃」と「上げ盃」がひととおり終わると、つぎは、本式の酒盛りが流儀に則り繰りひろげられる。御餐は主人に代わって、客の一人一人と小盃を飲みあかし、献盃、返杯の儀をとりもつ。それが終わると、今度は「競り盃」といって、客同士が飲み交わすのである。

この間、「お酒舞《さかな》」などと称して、肴司の司会によって芸能が披露される。多くの場合、御師匠舞《おししょうまい》や本歌師《ほんうたし》といった、玄人による出しもの。参会者が舞う、唄うなどということは間違ってもなかった。

よく武士が、長唄や義太夫《ぎだゆう》、都々逸《どどいつ》といったものを自宅で稽古したが、これは「宴会で自慢の喉を披露してやろうか」などと目論んでいたのではない。あくまでも、教養や心養《こころやす》めのためであった。

とにかく、このような歌舞の鑑賞も、酒道の式次第の中に織り込まれていたが、それらもとどこおりなく済み、そろそろお開きが近づくと、座主が、その日の酒宴についての感想や、反省点などを語り、さらに参会者に丁重な礼を述べて「主人設け」が終わるのであった。

この間、約2時間。誰一人として姿勢を崩さず、背筋をピンと伸ばして、正座していたけれども、苦痛の顔などひとつもないし、酔ってふらつく者、大声を出す者なども皆無。これを見ても、酒をとおして互いに礼儀、礼節、けじめを正し、よりいっそうの連帯感を高めるのが酒道の神髄であることがよくわかるというものである。

いっぽう、商家流ともお家流ともいう、一般の武家や商家でおこなわれていた酒道は、古文書『酌の大意』（副題に『酌の大秘』、または『酌の次第』とある。東京農業大学醸造博物館蔵）にしっかりと残されている。

そこには、酒宴での酌の仕方や作法を、年中行事に合わせて図解しながら教えている。たとえば、正月のめでたい酒宴では、どのような座席をしつらえ、配膳はどうするか。酒器の選び方や酌の仕方、盃の献じ方はどうするのかなど、詳細に示している。また、商家流の酒席においては、嫁入り前の女性が嫁ぎ先で失敗しないようにと、酌の仕方や配膳法などを教える箇所もあり、たいへんに興味深い。

これらの酒道は、江戸末期に消えていき、今日ではまったくの幻の修道となってしまった。消滅した理由は何か、明確にはわかっていない。酒道の精神は、茶道にも通じるものがあるので、そちらに流れていったという考えがもっとも多い。

だが、やはり酒という致酔飲料ゆえに、畏《かしこ》まった枠に嵌《は》められるのをあまり望まない人も多かったに違いなく、それが消滅した理由ではないかという見方もある。

おわりに

江戸の諺に「ご馳走《ちそう》の山盛り」というのがある。その意味は「すばらしく美味しいご馳走でも、目の前に山のように盛られたのでは、食べないうちに食傷《しょくしょう》してしまい、食欲も萎《な》えてしまう」で、転じて「華美なものばかりで飾りすぎると、相手は目移りし、その真価を評価できないばかりか、こちらの教養まで疑われる」というものだ。

現代の日本人の食事は、まさにこの諺に皮肉られているような気がしてならない。この本で紹介したように、江戸の「食にかかわる知恵」を発揮すれば、たとえ料理の数は少なくても、あるいは質素な食事であっても、それはけっして貧しいものではなく、むしろ体や心を癒やすための理想的な食事になる、ということに気づいてほしい。

書き終えてふと感じたことは、江戸の人たちが、健康でいるための「知恵の食事学」を考え、実践していた背景には、いくつかの法則があったのではないか、ということである。

それはまず「調料（料理）の細則」、ついで「心の原則」、以下順に「食事の定則」「食通の鉄則」「食事の場の天則」「対人の通則」「暴飲暴食の罰則」である。江戸人はこれらの法則をとおして、健康的で正しい食事の在《あ》り方を、身と心で体験しながら確立していったのであろう。

日本人は食味を堪能《たんのう》すると同時に、食の場に一定の作法をとり入れて、精神の修養や交際礼法を究《きわ》めるという、他国に類例のない修道を文化のひとつとして伝えてきた。たとえば、茶の湯によって精神を修養し、これを他人とおこなって礼儀の法式を究める「茶道」などは、禅の精神をとり入れ、簡素静寂を主体とする侘《わび》の世界である。そして、茶人みずからが心をこめて料理をつくり客に出す「懐石料理」も生んだ。

このように茶も食事も「心配りに始まり、心配りに了《おえ》る」ことが、日本人の食の場の基本である。江戸の人たちは、物資は貧しい世においても、この心だけは忘れなかったからこそ、健康に生きるための知恵の食事を悠々と実践してきたのだと思う。

最後に、ひょっとしたら貝原益軒が、現代の日本人に向けて贈ってくれたかのような一文を紹介して了よう。

「草木の命はごく軽いものだ。しかし、自分の体はいたって重い。どうして自分の体を草木ほどにも愛せないでいいことか。ものを考えないにもほどがある。養生の術《すべ》を知って実行するのは、まず父母に仕えて孝をつくし、つぎに自分の長生きと安楽のため行なえ。自分は先が長いから急いでしなくてもよいことはさしおいて、若い時からはやく養成の術を学ぶことである。身を慎《つつし》み、生命を大切にするのは人間最大の義務である」

本書は河出書房新社から2016年４月に刊行された
小泉武夫著『江戸の健康食』を文庫化した。

本文（扉・目次・タイトル）デザイン　mg-okada

中公文庫

江戸《えど》の健康食《けんこうしょく》

2024年5月25日　初版発行

著　者　小《こ》泉《いずみ》 武《たけ》夫《お》

発行者　安部 順一

発行所　中央公論新社
〒100-8152　東京都千代田区大手町1-7-1
電話　販売 03-5299-1730　編集 03-5299-1890
URL https://www.chuko.co.jp/

DTP　嵐下英治
印　刷　三晃印刷
製　本　小泉製本

Published by CHUOKORON-SHINSHA, INC.
Printed in Japan　ISBN978-4-12-207516-0 C1121

き-7-2
魯山人陶説
北大路魯山人
平野雅章 編
「食器は料理のきもの」と唱えた北大路魯山人。自らの豊富な作陶体験と鋭い鑑賞眼を拠り所に、古今の陶芸家と名器を俎上にのせ、焼物の魅力を語る。
201906-5

き-7-3
魯山人味道
北大路魯山人
平野雅章 編
書・印・やきものにわたる多芸多才の芸術家・魯山人が終生変らず追い求めたものは〝美食〟であった。折りに触れ、書き、語り遺した美味求真の本。
202346-8

き-7-4
魯山人書論
北大路魯山人
平野雅章 編
魯山人の多彩な芸術活動の根幹をなすものは〝書〟であり、彼の天分はまず書画と篆刻において開花した。独立不羈の個性が縦横に展開する書道芸術論。
202688-9

き-7-5
春夏秋冬 料理王国
北大路魯山人
美味道楽七十年の体験から料理する心、味覚論語、食通閑談、世界食べ歩きなど魯山人が自ら料理哲学を語り、手掛けた唯一の作品。〈解説〉黒岩比佐子
205270-3

み-27-1
江戸吉原図《ず》聚《しゅう》
三谷一馬
江戸風俗画の模写に打ち込んできた著者が、吉原を描いた二五〇〇余点の絵画資料を精確に復元。今は失われた吉原の全貌を鮮やかに甦らせる画期的労作。
201882-2

み-27-2
江戸商売図絵
三谷一馬
江戸に生き、この大都市の繁栄を支えてきた人々の生業の数々を、当時の絵画資料より精確に復元。庶民の生活の息吹までも生き生きと再現する労作。
202226-3

み-27-3
彩色江戸物売図絵
三谷一馬
独特の売り声と服装で江戸の町を往き来した物売り百五十姿を、当時の絵画資料をもとにオールカラーで再現。庶民の哀歓までも伝える入魂の労作。
202564-6

み-27-4
江戸年中行事図聚
三谷一馬
元旦の「若水」「屠蘇」から歳末の「才蔵市」「大晦日の狐火」まで、絵画資料約一八〇点を精確に模写し、今は失われた江戸年中行事の数々を再現する。
203042-8

各書目の下段の数字はISBNコードです。978-4-12が省略してあります。

み-27-5
江戸職人図聚 三谷一馬
町人に親しまれた職人の風俗その他を錦絵、版画及び草双紙、人情本等の挿絵から復元した作品二百点余。江戸後期の庶民生活を知る上での貴重な資料。
203948-3

た-22-2
料理歳時記 辰巳浜子
いまや、まったく忘れられようとしている昔ながらの食べ物の知恵、お総菜のコツを四季折々約四百種の材料をあげながら述べた「おふくろの味」大全。
204093-9

つ-2-11
辻留・料理のコツ 辻嘉一
材料の選び方、火加減、手加減、味加減――「辻留」の二代目主人が、料理のコツのコツをやさしく手ほどきする。家庭における日本料理の手引案内書。
205222-2

つ-2-13
料理心得帳 辻嘉一
茶懐石「辻留」主人の食説法。ひらめきと勘、盛りつけのセンス、よい食器とは、昔の味と今の味、季節季節の献立と心得を盛り込んだ、百六題の料理嘉言帳。
204493-7

つ-2-14
料理のお手本 辻嘉一
ダシのとりかた、揚げ物のカンどころ、納豆に豆腐にお茶漬、あらゆる料理のコツと盛り付け、四季のいろどりも豊かな、家庭の料理人へのおくりもの。
204741-9

つ-26-1
フランス料理の学び方 特質と歴史 辻静雄
フランス料理の普及と人材の育成に全身全霊を傾けた著者が、フランス料理はどういうものなのかについてわかりやすく解説した、幻の論考を初文庫化。
205167-6

あ-13-6
食味風々録 阿川弘之
生まれて初めて食べたチーズ、向田邦子との美味談義、海軍時代の食事話など、多彩な料理と交友を綴る、自叙伝的食随筆。〈巻末対談〉阿川佐和子〈解説〉奥本大三郎
206156-9

い-106-1
変わる家族 変わる食卓 真実に破壊されるマーケティング常識 岩村暢子
朝食はお菓子、料理は気分次第……普通の家庭の日常の食卓が写真付きで徹底分析されることによって浮彫りにされる衝撃的な日本の「現在」。〈解説〉養老孟司
205219-2

い-116-1
食べごしらえ おままごと
石牟礼道子

父がつくったぶえんずし、獅子舞にさしだした鯛の身。土地に根ざした食と四季について、記憶を自在に行き来しながら多彩なことばでつづる。〈解説〉池澤夏樹

205699-2

い-14-2
食事の文明論
石毛　直道

銘々膳からチャブ台への変化が意味するものとは？外食・個食化が進む日本の家族はどこへ向かうのか？人類史の視点から日本人の食と家族を描く名著。

206306-8

い-8-9
食卓のつぶやき
池波正太郎

幼き日の海苔弁当から大根の滋味に目覚めるまで。東京下町から仙台、フランス、スペインまで。味と人をめぐる美味しい話。〈巻末対談〉荻昌弘「すきやき」

207134-6

う-30-3
文士の食卓
浦西和彦編

甘いものに目がなかった漱石、いちどきにうどん八杯を平らげた「食欲の鬼」子規。共に食卓を囲んだ家族、友人、弟子たちが綴る文豪たちの食の風景。

206538-3

え-7-2
食卓のない家
円地　文子

過激派学生による人質籠城事件。世間は学生だけでなく親たちの責任も追及するが――連合赤軍事件をモチーフに個人と社会のあり方を問う。〈解説〉篠田節子

207166-7

き-15-12
食は広州に在り
邱　永漢

美食の精華は中国料理、そのメッカは広州である。広州美人を娶り、自ら包丁を手に執る著者が、蘊蓄を傾けて語る中国的美味求真。〈解説〉丸谷才一

202692-6

し-31-7
私の食べ歩き
獅子　文六

日本で、そしてフランス滞在で磨きをかけた食の感性と、美味への探求心。「食の神髄は惣菜にあり」との境地を綴る食味随筆の傑作。〈解説〉高崎俊夫

206288-7

ま-17-13
食通知つたかぶり
丸谷　才一

美味を訪ねて東奔西走、和漢洋の食を通して博識が舌上に転がすは香気充庖の文明批評。序文に夷齋學人・石川淳、巻末に著者がかつての健啖ぶりを回想。

205284-0

各書目の下段の数字はISBNコードです。978－4－12が省略してあります。

な-52-4　文豪と酒　酒をめぐる珠玉の作品集　長山靖生 編

漱石、鷗外、荷風、安吾、太宰、谷崎ら16人の作家と白秋、中也、朔太郎ら9人の詩人の作品を厳選。酒に託された憧憬や哀愁がときめく魅惑のアンソロジー。

206575-8

な-52-5　文豪と東京　明治・大正・昭和の帝都を映す作品集　長山靖生 編

繁栄か退廃か？　栄達か挫折か？　漱石、鷗外、鏡花、荷風、芥川、谷崎、乱歩、太宰などが描いた珠玉の作品を通して移り変わる首都の多面的な魅力を俯瞰。

206660-1

な-52-6　文豪と食　食べ物にまつわる珠玉の作品集　長山靖生 編

子規が柿を食した時に聞こえたのは東大寺の鐘だった？　潔癖症の鏡花は豆腐を豆府に！　漱石、露伴、荷風、谷崎、芥川、久作、太宰など食道楽に収まらぬ偏愛的味覚。

206791-2

な-52-7　文豪と女　憧憬・嫉妬・熱情が渦巻く短編集　長山靖生 編

無垢な少女から妖艶な熟女まで。鷗外、花袋、荷風、漱石、谷崎、安吾、太宰らが憧れ翻弄された女性を描く。主人公の生きざまから近代日本の「女の一生」がみえる。

206935-0

み-39-2　三木清 戦間期時事論集　希望と相克　三木清　長山靖生 編

不況にあえぐ国民が軍部の暴走に同調する中、現実に寄り添いながらも理想を捨てなかった三木清の時事随想を収録。気骨のある精神と生き方に学ぶ。

207184-1

あ-97-1　馬鹿八と人はいう　一外交官の回想　有田八郎

外相を四度歴任、日独同盟に異議、戦後は再軍備反対、都知事選に二度挑む。三島由紀夫の「宴のあと」のモデルとして知られる波瀾万丈の自伝。〈解説〉竹内　洋

207163-6

お-96-1　大野伴睦回想録　大野伴睦

官僚出身エリート政治家と対決、保守合同や日韓国交正常化に尽力した破天荒な政治家（衆議院議長・自民党副総裁）の抱腹絶倒の一代記。〈解説〉御厨　貴

207042-4

さ-88-1　学ぶこと 生きること　女性として考える　猿橋勝子

「死の灰」による放射能汚染についてアメリカの誤りを正し、核兵器の危険性を訴えた地球科学者（「猿橋賞」創設者）の奮闘の記録。〈解説〉黒田玲子

207391-3